지은이 **소니 카르소노** Sony Karsono

세종대학교 역사학과 조교수. 인도네시아 아이르랑가 대학에서
심리학을 공부하고 미국 오하이오 대학에서 동남아시아사로
석 박사 학위를 받았다. 인도네시아 근현대사를 중심으로
동남아시아 역사와 문화를 연구하고 있다. 주요 논저로
「인도네시아의 신질서, 1966-1998: 사회적·지적 기원」,
「모팅고 부에세와 그의 주요 작품: 신질서 현대화에 따른
중산층의 심리적 경험에 관한 사회-역사적 분석」 등이 있다.

옮긴이 **김인환** 金仁煥

번역가. 서울외국어통번역대학원대학교를 졸업하고 2020년
현재, 동 대학교 한영과 겸임교수(순차/동시통역 전공)로 재직
중이다. 2020 세계평화학술대회 등 주요 국제 행사의 통역을
맡아왔고, 「젠더 관점에서 본 '유리천장'을 넘어선 여성들의
전환학습 경험」 등 다수의 국내 논문을 영어로 번역·소개해왔다.

돌로로사 시나가 — 어느 여성 조각가가 빚어낸 현대 인도네시아의 초상

교치하는 아시아
001

돌로로사 시나가
— 어느 여성 조각가가 빚어낸
현대 인도네시아의 초상

소니 카르소노 지음

A I C I C

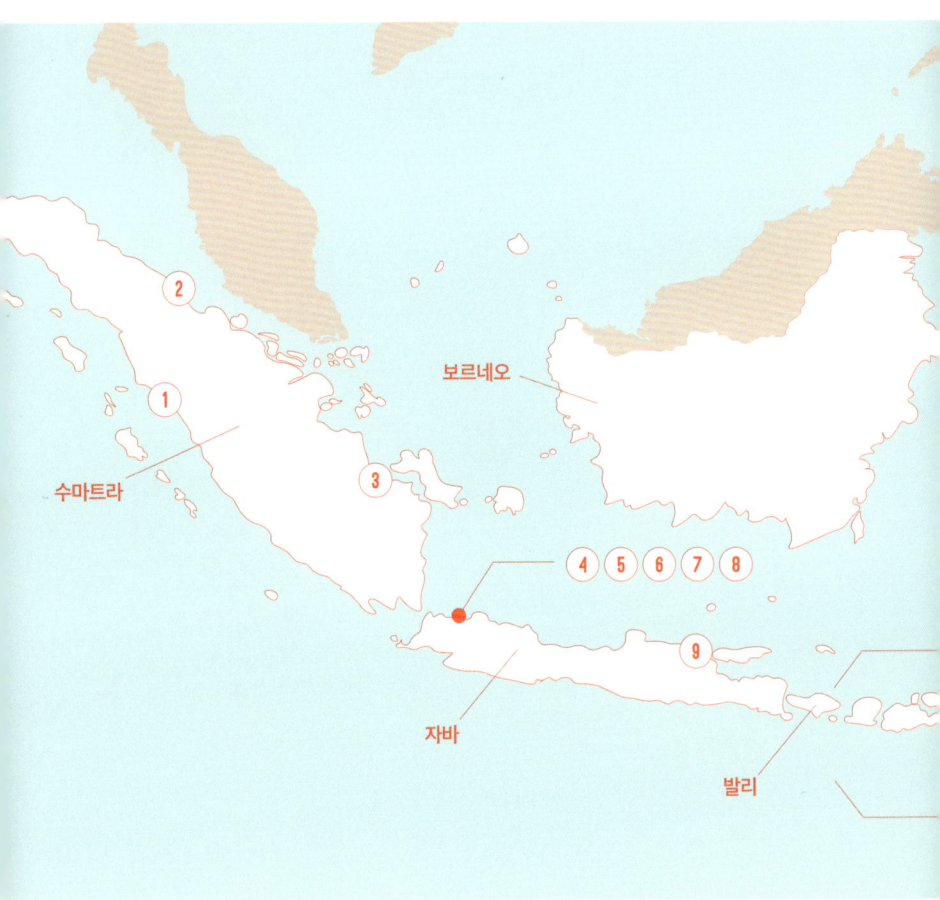

① 북 수마트라의 시볼가, 페르디난 룸방토빙 거리. 돌로로사가 태어나 어린 시절을 보낸 곳이다.
② 북 수마트라의 메단, 세이 바호록 거리. 돌로로사가 세 살부터 여덟 살까지 살았던 곳이다.
③ 남 수마트라의 팔렘방, 성 프랜시스 하비에르 가톨릭 초등학교.
④ 자카르타, 소말라잉 스튜디오. 1987년 문을 연 돌로로사의 개인 작업실 겸 거주지.
⑤ 자카르타 예술원. 돌로로사가 학사 학위를 받은 대학으로, 돌로로사는 1980년대부터 이곳에서 조각을 가르치고 있다.

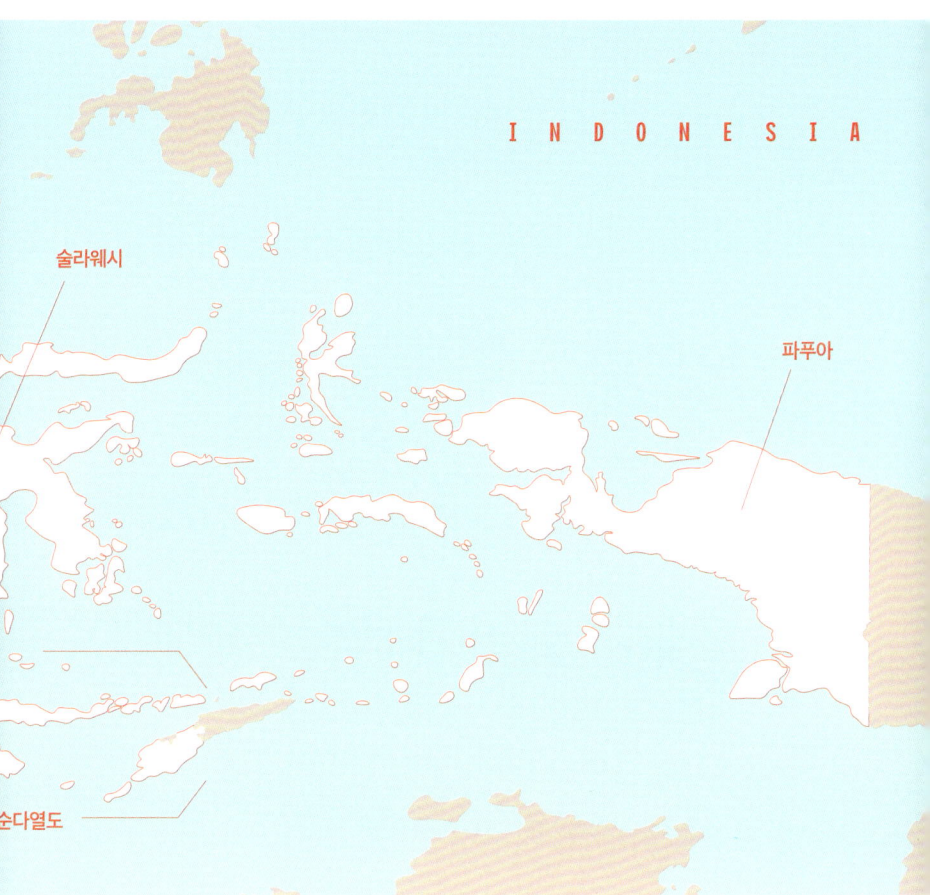

⑥ PSKD 기독교 고등학교.
⑦ 로욜라 초등학교/중고등학교.
⑧ 국립 미술관. 돌로로사는 2001년과 2008년 이곳에서 두 번의 개인전을 열었다.
⑨ 동부 자바의 모조커르트, 트로울란, 베비종 마을. 돌로로사는 이곳의 청동 주조 공장을 '두 번째 집'이라 부른다.

돌로로사는 몸으로부터 조각을
창조한다는 원칙을 고수하면서도
이제 이를 자기 식으로 해석하고자
했다. 1990년대 들어서자
돌로로사는 추상에서 벗어나
형태를 살피기 시작했다.
돌로로사는 조각을 통해 가부장적
사회의 무게를 견디며 여러 어려움과
마주쳐야만 하는 인도네시아 여성의
삶을 예술적으로 풀어냈다.

돌로로사 시나가, 「경계에서」, 1994

일러두기

· 이 책에 저본이 된 논문은 2017년 정부(문화체육관광부)의 재원으로 국립아시아문화전당의 지원을 받아 수행된 연구다. (ACC-2017-RF-02)
· 단행본은 『 』, 논문과 예술작품 등은 「 」로 표기했으며, 옮긴이가 별도의 문구를 추가하는 경우에는 [ ]으로 표기했다.
· 외국 인명·지명의 표기는 국립국어원 외래어 표기법에 따랐으며, 몇몇 경우에는 현지 발음에 가깝게 표기했다.

차례

들어가며 … 010

1 초년기

시볼가, 1952~1954: 돌로로사의 탄생과 어린 시절 … 017
메단에서 보낸 어린 시절, 1954~1960 … 020
팔렘방에서 보낸 어린 시절, 1960~1964 … 022
자카르타, 1964~1970: 돌로로사 시나가 예술의 서막 … 024

2 성장기

자카르타, 1971~1980: 예술가가 되기 위한 훈련 … 037
유학 시절, 1980~1983 … 051

3 예술적 성숙기 및 정치적 참여

자카르타, 1983~1998: 신질서 시대의 예술 … 075
신질서 시대 아래에서 탄생한 돌로로사의 작품과 활동 … 082
자카르타, 1998~ : 신질서 시대 이후 … 105
돌로로사 및 기타 현대 인도네시아 조각가: 비교와 연관성의 관점에서 … 118

마치며 … 122

미주 … 126
참고문헌 … 141

들어가며

　　　　　　　　　이 책은 인도네시아 현대 예술을 이끌어가는 조각가 돌로로사 시나가의 모든 작품을 살펴보면서 그와 그의 작품들의 성장과 발전 과정을 소개하고 해석하는 데 그 목적이 있다. 이를 위해 돌로로사 개인의 일대기와 그가 살았던 도시, 국가, 세계 등의 사회사 간의 역사적 대화라는 맥락 하에서 그의 작품들을 탐구했다. 또한 이 책은 예술사, 전기傳記 연구, 사회사 관점을 융합함으로써, 인도네시아 현대 조각사를 다룬 기존의 연구들이 미처 다루지 못해 생긴 간극을 메우고자 한다.

　이 책에서는 돌로로사 시나가라는 인도네시아 현대 조각가가 지적으로나 사회적으로 어떤 과정을 거쳐 만들어졌는지를 기록할 것이다. 또한 1980년대 이후 돌로로사의 예술과 정치적 활동이 왜 그리고 어떻게 융합되어 어떤 결과를 낳았는지를 살펴볼 것이다. 이 같은 작업을 위해 다음과 같은 여러 질문을 던져보려 한다. 소위 인도네시아 상위 계층의 여성이 당시 남성들의 전유물과 같은 예술가의 삶을 살아내는 것은 어떤 의미를 지니는가? 인도네시아 근대화 아래서 돌로로사가 행해온 작업은 어떻게 예술로서 발현되었는가?

 이 같은 질문들에 대한 답을 제시하기 위해, 돌로로사가 자카르타 예술원 및 런던 소재 세인트마틴 대학에서 수학했던 1970년대와 80년대 초반을 각각 조명할 것이다. 아울러 1990년대 인도네시아에서 돌로로사의 작업이 위치해온 미술사적 지위를 추적해볼 것이다. 예술가로서 돌로로사가 성장하는 데 중요한 밑거름이 된 전반기를 다룬 문헌이 현재 거의 전무하거니와, 인도네시아 근대화라는 정치사회적 맥락이 그녀의 작업에서 어떤 방식으로 재현되었는지를 새롭게 해석한다는 측면에서 이러한 작업은 의의를 지닌다.

DOLOR
SINAG
1

OSA
A ── 초년기

1952
1970

인도네시아 자카르타에 있는 역사박물관

Early Life

시볼가, 1952~1954: 돌로로사의 탄생과 어린 시절

때는 1952년 10월 30일. 인도네시아 북부 수마트라 타파눌리만에 위치한 작은 항구마을 시볼가 Sibolga. 바탁 가문 출신의 스물아홉 살 청년 카렐 몸팡 시나가 Karel Mompang Sinaga는 테니스 경기를 하던 중 "아이가 태어났다"라는 이야기를 전해 듣는다. "남자아인가, 여자아인가?"라고 묻자 "여자아이"라는 답이 돌아왔다. 카렐은 그 말에 크게 낙담했다. 그는 병원으로 달려가 갓 태어난 아이를 반기기는커녕 한숨을 쉬고는 이내 경기를 재개했다.[1]

1923년 도로 건설 현장감독의 아들로 태어난 카렐은 "신식 청년"이었다.[2] 그는 타파눌리 지역, 바탁 가문이라는 배경을 토대로 서구 유럽의 자본주의, 네덜란드와 일본의 제국주의, 인도네시아의 민족주의, 신교도적 믿음, 네덜란드풍의 부르주아적 생활방식 등 각각의 사회 요소가 얽혀 탄생한 산물이었다.[3] 이런 배경 덕에 카렐은 하이브리드 hybrid 인간으로 자라났다. 구사하는 언어도 바탁어, 인도네시아어, 네덜란드어, 일본어 등 다양했다.[4] 개신교를 받아들였으며, 네덜란드어로 가르치는 중학교를 졸업했다.[5] 그는 1940년 누르 핀타 시홈빙 Nur Pinta Sihombing과 결혼했는데, 핀타 시홈빙은 타루퉁 군수郡守의 딸[6]로 파당의 여자초등학교 Meisjesnormaalschool를 졸업하고 선생이 되었다.[7] 결혼한 뒤 카렐은 타파눌리시 공중위생국의 재무부장으로 일하면서 민영보험사인 부미푸트라를 대신해 보험상품을 팔기도 했다.[8] 그는 가족과 함께 시볼가에 속한, 잘란 페르디난드 룸반 토빙 Jalan Ferdinand Lumban Tobing에 살았다. 그곳은 네덜란드 식민지 시절 동안 웰신크스트랏 Welsinkstraat이라는 이름으로 불리며 유럽인 거주지로 분류되었던 곳이다.

  카렐이 행복을 느끼기엔 아직 일렀다. 카렐은 바탁 가문의 후손이라는 현실에서 벗어날 수 없었다. 다른 가문과 마찬가지로 바탁의 전통 역시 야누스처럼 양면을 지닌 것이었다. 가문의 피를 이어받는 순간 가문의 재산은 물론 과업도 물려받아야 했다. 바탁의 전통은 인품을 길러주고, 먹을 것을 주고, 품위와 권력, 삶의 가치 등을 보장해주었던 반면, 아들을 낳아야만 행복하게 살 수 있다는 꼬리표를 달아주었다. 이러한 부계 중심의 문화 때문에 오직 아들만이 가문을 이을 수 있었다.[9] 1952년 10월 30일 오후에 태어난 네 번째 자손이 딸임을 알게 된 카렐이 극심한 좌절감을 느낀 이유가 바로 여기 있었다.[10] 카렐은 이런 실망감을 잊지 않으려, 예수가 십자가에 매달리기 전에 걸었던 길을 의미하는 '비탄의 길 Via Dolorosa'이라는 단어를 빌려 딸의 이름을 돌로로사 시나가로 지었다.[11] 하이브리드 인간이었던 카렐은 가슴을 짓누르는 바탁 가문의 짐을 이렇게 기독교식으로 표현한 셈이었다.

이러한 이유로 돌로로사는 태어나자마자 여러 상황을 마주하게 되었다. 부모님은 종종 남자 아이의 옷을 입혔다.[12] 그리고 그는 중산층 개신교 집안에서 성장했다. 또한 기쁨의 순간에도 '비탄에 빠진 시나가' 정도의 뜻을 가진 돌로로사 시나가라는 이름을 바꿀 수는 없었다. 타파눌리에서는 2년밖에 살지 않았고 자기 종족의 언어를 말할 줄 몰랐음에도[13] 바탁 가문이라는 정체성을 계속 이어나갔다. 예를 들어 1987년 자카르타에 조각 작업실을 열었을 때, 그 작업실에 바탁 가문의 박식한 인물 이름을 따서 소말라잉이라는 이름을 붙였다. 소말라잉 파르데데Guru Somalaing Pardede(1840년대 출생)는 1889년부터 2년간 바탁 지역에서 엘리오 모디글리아니Elio Modigliani(1860~1932, 이탈리아의 동식물 연구가)의 안내원으로 일하던 도중 엘리오가 전해준 유럽

종교 이야기에서 영감을 받아 '파르말림 Parmalim'[14]이라는 새로운 혼합종교를 만든 사람이다. 돌로로사는 이 소말라잉이라는 인물을 통해, 빠르게 변해가는 세상 속에서 자신의 입지를 강화하고자 유럽의 문화적 요소를 빌려 쓰던 바탁 가문의 관습을 꿰뚫어 본 것이다.

메단에서 보낸 어린 시절, 1954~1960

델리 평원의 북서쪽에 위치한 메단 Medan은 1950년 북부 수마트라의 주도로 정해졌다. 1950년대에 들어서면서 메단은 대규모 농장 자본의 중심지에서 인도네시아 서부로 향하는 관문으로 탈바꿈한다. 1951년 당시 인구가 26만에 불과했던 이 다민족 도시는 1961년 48만 명이 사는 도시로 성장했다.[15] 항구도시이자 교역, 금융의 중심지로 변모한 메단은 각종 경제활동이 집결하는 공간이 되었다.[16] 타파눌리의 바탁 가문을 포함한 많은 사람들이 번영의 꿈을 안고 메단을 찾았다. 메단이 바탁 가문의 중심 도시가 된 셈이었다.[17]

1954년 12월 22일, 카렐은 가족과 함께 메단으로 거처를 옮긴다. 새로운 주의 공중위생국에 자리가 났던 것이다. 이 도시 중산층들이, 재난을 관리하는 현대식 장치인 생명보험의 수요를 늘리고 있었다. 이 도시는 이내 카렐에게 아픔뿐만 아니라 고마운 도움을 준 도시가 되었다. 불운이 찾아오면 으레 그렇듯, 카렐에게 배정되었던 주 공중위생국의 자리를 다른 누군가가 차지해버렸다.[18] 하지만 그렇게 공중위생국에서 나오고 부미푸트라 생명보험을 파는 부업 자리만 얻고 나서야 카렐은 인생의 성공을 맛보게 되었다.[19] 또한 메단에 와서야 카렐은 진정한 바탁 가문의 일원이 되었다. 바로 부인이 아들 둘을 낳았던 것이다.[20]

카렐은 가족들이 안락한 중산층의 삶을 누릴 수 있도록 일에 매진했다. 시나가 가족은 메단의 부유층이 사는 동네 주변, 즉 메단 바루의 한 군郡에 있는 잘란 세이 바호록 Jalan Sei Bahorok에 터전을 마련했다. 그들은 차 한 대와 피아노 두 대를 비롯한 여러 물건을 구입했다.[21] 돌로로사는 세 살부터 여덟 살까지 이곳에서 자랐다.

돌로로사가 메단에서 보낸 어린 시절에 대한 이야기는 거의 알려지지 않았다. 가족 내에서 전해내려온 이야기에 따르면 돌로로사는 의지력이 강한 소녀여서 주변에서 뭔가 하지 못하게 말리면 몇 시간이고 쉬지 않고 울며 시위를 했다고 한다.[22] 네 살이 되자 돌로로사는 피아노 연주를 배웠다.[23] 말괄량이 기질이 있어 인형보다는 구슬을 갖고 놀았다. 남자아이들과 어울려 축구를 하며 골키퍼를 맡기도 했다. 나무에 오르거나, 난간에

앉거나, 집 대문 위에 올라서서 지나가는 차를 구경하기도 했다. 사내아이처럼 지냈지만 주방 일을 도울 때도 있었다.[24] 메단에 사는 동안 돌로로사가 예술과 관련된 재능을 보인 적은 없었다.[25] 메단 또한 그 자체로 수준 높은 문화도시가 아니었다.[26]

팔렘방에서 보낸 어린 시절, 1960~1964

1950년대 초 인도네시아 중앙정부는 팔렘방을 국가 수립과 근대화(이 두 가지는 1949년 말에 이뤄진 독립에 "알맹이를 만들어줄" 과정을 뜻했다)의 거점으로 설정했다. 무엇보다 남부 수마트라의 농산물이 싱가포르로 밀수입되면서 팔렘방은 이미 세계 무대로 향하는 경제도시가 된 상황이었다. 중앙정부는 팔렘방에 국가의 정치 및 경제 질서를 심어놓고자 노력했다. 1950년대 후반 팔렘방의 시민들과 남부 수마트라 지역정부는 이곳이 근대 도시로 거듭나도록 근대식 도시경영을 도입하기로 합의했다. 이러한 양측 간 합의가 가장 잘 드러난 것이 바로 무시Musi 강 위에 세워질 수카르노 교량의 건설계획 추진이었다.[27]

1962년 모두의 의지가 실현되었다. 같은 해 4월 일본의 전쟁배상금을 대가로 하여 일본 건설회사가 인도네시아 정부의 의

뢰를 받아 교량을 짓게 된 것이다.

 팔렘방에서 국가적 건설 및 근대화 노력이 한창이었던 1960년, 카렐은 부미푸트라 팔렘방 지사의 관리직으로 승진발령을 받음에 따라 그곳으로 이사하게 된다.[28] 그의 가족들은 네덜란드 식민지 시절 유럽인이 거주했던 탈랑 스뭇Talang Semut의 잘란 가자 마다Jalan Gajah Mada 11번가 레이헌테셀란Regentesselaan에 자리를 잡게 된다.[29] 1950년대에서 60년대 사이 자식에게 좋은 교육환경을 제공하기 위해서라면 뭐든 노력했던 다른 비非가톨릭 인도네시아 중산층 가정과 마찬가지로, 카렐은 돌로로사를 팔렘방 하비에르 가톨릭 초등학교Xaverius Catholic Elementary School에 진학시켰다.[30] 돌로로사는 수학을 싫어해 항상 수학 점수가 좋지 않았다.[31]

 팔렘방에 살면서 카렐은 자녀들에게 개신교 정신을 심어주기 시작했다. 매일 아침 여섯 시가 되면 가족과 함께 집에서 기도를 드렸다. 일요일이 되면 바탁 개신교 교회Huria Kristen Batak Protestan를 함께 찾았다.[32]

 1963년이 되자 카렐의 가족은 팔렘방에서 상류 중산층 수준의 부와 명예를 성취하게 된다. 당시가 국가경제가 마비된 시절이었음을 감안하면 상당한 수준의 성취이자 대단한 특권이었다.

자카르타, 1964~1970: 돌로로사 시나가 예술의 서막

1964년 카렐은 다시 승진하여 부미푸트라의 자카르타 중앙지사 총괄직을 맡게 되었다. 그해 말 가족들은 자카르타로 이사하여, 그 지역 부유층이 사는 멘텡 Menteng의 잘란 솔로 Jalan Solo 4번가 이층집에서 지내게 되었다.[33] 나라의 정치적·경제적 상황이 정상이었다면 수도로 이사한 후에 메단이나 팔렘방에서 살던 시절보다 더 큰 부를 누릴 수 있었을지도 모른다. 그러나 자카르타로 이사한 처음 몇 년은 고난의 세월이었다.

그의 가족이 자카르타에 정착한 시기는 인도네시아 역사가 불운의 길을 걷던 때였다. 1960년대 초 개혁의 캐치프레이즈였던, 정의와 번영이 숨쉬는 근대 인도네시아 건설을 믿고 기다리던 국민들의 인내심이 한계에 달했다.[34] 인도네시아 지도층은 그때까지 내내 공산주의, 이슬람주의, 실용주의 중 어느 방향으로 나아가야 국가를 발전시킬 수 있는지 합의조차 하지 못한 상황이었다. 일부 낭만주의적 지도층은 몽상에 빠져 혁명에 매진해야 한다고 주장했다. 반면 실용주의를 내건 반대파는 혁명에 종점을 찍을 시기라고 주장했다. 1959년 이후 국가권력을 놓고 다투던 인도네시아 군부와 공산당 PKI 사이를 중재하며 균형을 잡기 위해, 당시 대통령인 수카르노는 '교도 민주주의 Guided Democracy'라는 이름의 계획을 추진했다. 또한 마니폴

우스데크Manipol USDEK와 나사콤Nasakom이라는 그들만의 이데올로기 및 반제국주의 운동을 통해 국가통합을 시도했다.

　이러한 인도네시아 통치 방식은 실패로 돌아갔다. 1964년 카렐이 가족을 이끌고 자카르타에 터를 잡으려던 당시 자카르타의 (그리고 심지어 인도네시아 국가의) 사회, 정치, 경제 구조는 붕괴 직전이었다.[35] 수도는 일촉즉발의 상황으로 휘말려 들어갔다. 사람들이 모이는 곳이라면 어디에서나, 불타는 마음을 감추지 못하고 이데올로기적으로 양분된 공산주의와 반공산주의 세력이 뛰쳐나와 시위, 운동, 대규모 집회를 벌이며 반대 정치진영에 대한 공세를 퍼부었다.[36] 회사나 대학가에서도 내부적으로 여러 당파로 나뉘어 정치적 언쟁을 벌였다.[37] 언론사나 출판사도 신문, 잡지, 팸플릿, 책 등으로 서로 공격을 주고받았다. 자카르타에서의 삶은 위태로웠다.[38]

　경제가 무너지고 문화가 양분되어 첨예하게 대립하자 위기는 절정에 달했다. 수출시장은 주저앉고 국가의 외환보유고는 바닥을 드러냈다. 정부의 적자가 늘고, 인플레이션(1965년 기준 63.5퍼센트)이 통제를 넘어 악화되었다. 자카르타 내 물가지수는 열 배로 뛰었다.[39] 이런 시기에 1963년부터 자카르타의 문화산업 종사자는 민족주의와 사회적 책임을 외치는 집단과 세계주의와 개인주의를 찬양하는 두 개의 진영으로 나뉘었다.[40]

　1965년 자카르타의 정치적 긴장이 폭발했다. 그해 9월 30일

밤, (대통령 경호부대 차크라비라와Cakrabirawa를 포함한) 여러 명의 군장교가 수카르노 대통령과 개혁세력에 위협이 되는 육군장성을 처단하겠다며 모였다. 인도네시아군 4개 중대가 집결한 반란군은 '9월 30일 운동Gerakan 30 September'이라는 이름을 걸고 여섯 명의 반공산주의 육군장성을 납치하여 살해한다. 이에 대한 반발로 당시 전략예비사령본부 사령관이었던 수하르토 소장은 군부와 도시를 장악하고 중부 자바 지역에서 '9월 30일 운동'에 동조하는 세력을 초토화시켰으며 1966년 3월 11일 수카르노 대통령의 권력을 찬탈한다.[41] 1966년부터 1년간 반공산주의 연합은 공산당에 참여하거나 동조했다는 이유를 들어, 무려 50만 명 이상을 학살하고 수천 명을 투옥하며 공산당 세력을 말살했다.[42] 이런 일련의 사태로 인해 교도 민주주의는 막을 내리고 '신질서New Order' 시대가 등장한다. 1966년부터 1998년까지 23년간 이어진 신질서는 반이데올로기적 태도(공산주의, 이슬람주의, 자유민주주의를 배척) 그리고 정치 안정, 경제 개발에 대한 집착이라는 두 요소로 구성되었다.

선혈이 낭자한 국가위기 상황 속에서 카렐도 경제적으로 위기를 맞게 된다. 1965년에는 민간 보험사를 직접 설립하여 부미푸트라가 경제위기를 헤쳐나갈 수 있도록 돕고자 했으나 부미푸트라의 경영진은 그의 의도가 불순하다고 의심했다. 카렐은 해고를 당했다.[43] 생계를 이어나가기 위해 카렐의 부인인 핀타가 창고에서 생선을 팔기 시작했다. 1967년 신질서를 외치며 정부가 국가 안정과 재건, 부분적 개방, 국가경제 부활[44]에 매진하던 당시 카렐은 부미 아시 자야Bumi Asih Jaya라는 민간 생명 보험사를 설립하여, 기울었던 가운을 바로 세우고 생활을 안정적으로 꾸리기 위해 갖은 노력을 했다. 지나친 정신, 육체 노동에 대한 대가로 카렐은 1968년 이후 몇 년간 심장질환으로 고생했다.[45]

 그러나 돌로로사는 1960년대 후반에 걸쳐 자신의 가족, 도시, 국가에 지대한 영향을 미친 이러한 변화에 크게 개의치 않았다. 아버지와 어머니가 생계를 그럭저럭 잘 꾸려갔던 탓도 있을 것이다. 또한 이런 사회적 변화를 10대의 눈으로 지켜봤기 때문에 그랬을 수도 있다. 돌로로사는 생선을 파는 어머니를 도와 집안일을 했고, 자식을 독실한 기독교인으로 키우고자 꾸준히 노력한 아버지의 엄격한 권위에 맞서 자신의 자율성을 지키는 법을 배웠다. 청소년기에 들어서서는 학교를 다니며 예술과 사랑에 빠졌고, 그 예술은 그녀에게 개인의 자유를 만끽하는 길을 터주었다. 이렇게 돌로로사를 예술의 세계로 이끈 것은 후일 재능 있는 화가로 거듭난 두 짝꿍, 바로 이그나티우스 가톨릭 초등학교의 그레기Greggy와 로욜라 가톨릭 중학교의 토머스Thomas였다.[46]

세상에! 그 아이(토머스)가 선생님의 일하는 모습을 그린 그림을 봤을 때 홀리는 듯했어요. 그 아이의 자유로운 창의력이 만든 마술에 말이에요. 뭐든 원하는 건 다 그리더라고요. 그런 예술적 자유가 너무… 매력적이었어요. 그 장면이 머릿속에 강하게 남아 영감을 불어넣어줬죠. 그 덕분에 연필을 이용하여 사람 모습(사람 얼굴)을 사실감 있게 그리는 법을 배웠어요.[47]

잘란 디포네고로Jalan Diponegoro의 PSKD 기독교 고등학교[48]에 다니던 1968년에서 1970년 사이에 돌로로사는 이처럼 선생님의 모습을 그리거나 주변 친구의 생일 초대장을 그려주는 등 그림 속에서, 그림을 통해 자유를 누렸다. 고등학교 졸업 이후에는 대학에서 시각예술을 전공하기로 결심한다.[49]

신질서 세력이 공산당을 와해하고, 수카르노에 충성을 바친 이들을 중도파로 뒤바꿔놓고,[50] 국가경제를 실용주의 방향으로 재건하던 (이로 인해 1966년에서 1970년까지 국가 GDP가 연평균 5.89퍼센트 성장[51]) 1960년대 후반, 자카르타에서는 반공적인 근대 문화를 만들어 배포하고 소비하는 집단이 번성하며 몸집을 키워갔다. 1966년 한스 바그 야신H. B. Jassin과 그의 동료들은 '호리손Horison'이라는 이름의 잡지를 발간하면서 '보편적 휴머니즘' universal humanism[52]이라는 개념을 설파했다. 1968년 알리 사디킨Ali Sadikin 주지사는 이 보편적 휴머니즘을 실천함으로써 자카르타를 "문화의 도시"로 만들고자 반공 예술가와 협업하여 자카르타 예술위원회Jakarta Arts Council와 타만 이스마일 마르주키 종합문화센터 Taman Ismail Marzuki를 설립한다.[53] 종합문화센터는 대통령궁에서 3킬로미터가량 떨어진 잘란 치키니 라야Jalan Cikini Raya라는 곳에 지어졌는데 그곳은 돌로로사가 살던 잘란 솔로 지역과 다를 바 없는 멘텡 부촌에 속해 있었다. 엔터테인먼트 업계에서도 유사한 기조가 형성되었다. 1960년대 후반이 되자 음악과 대중소설 산업이 이 흐름에 힘을 보탰다.[54]

교도 민주주의에서 신질서로 넘어가던, 핏빛 풍경과 불확실성으로 대표되는 시절, 자카르타 및 기타 대도시에서 혁명과는 거리를 두며 살던 중산층 청년들은 예술적 창조 및 자기표현의 기회와 자원을 누렸다. 그들은 서구 유럽, 북미 청년문화의 요소를 마음껏 빌리기도 하고 종종 이를 지역의 문화 요소와 섞어보기도 했다.[55] 팝과 록 음악을 즐기면서 (종종 경찰이나 군대가 긴 머리를 단속하기는 했으나) 서구 록스타의 옷이나 머리 스타일을 따라했다. 헤로인이나 마리화나를 즐기기도 하고, 갱 조직을 형성하여 부모님의 총을 가져다 길거리에서 총격전을 벌였으며, 재미 또는 "감정 교육sentimental education"이라는 명목하에 할리우드 영화를 보았다.[56] 1967년 반둥에서 한 청년집단이 '악투일Aktuil'이라는 이름의 음악잡지를 창간하여 (이따금) 기성세대의 위선을 풍자하고 (잡지의 주요 독자층인) 청년들에게 팝과 록 음악, 그리고 이와 관련된 라이프스타일을 전파했다.[57] 당시 엘리트에 속하는 "멘텡 지역의 자제"[58]로 살던 돌로로사 역시도 이처럼 혁명의 요소를 배제한 자카르타의 상류 중산층의 퓨전 문화를 자신의 방식으로 즐겼다. 그림 그리기는 물론, 파티에 가거나 스포츠를 즐기고, 잘란 수라바야에서 클래식 음악 레코드판을 수집했다. 때로는 아버지의 차로 자카르타 거리를 질주하고, 아버지와 함께 집에서 1킬로미터 떨어진 근처 수로파티 Suropati 공원에서 노숙인을 위한 봉사활동에 참여하기도 했다.[59]

DOLOR SINAG 2

성장기

인도네시아의 국가 영웅으로 추앙받는 독립운동가 수디르만 장군의 동상

Foundation Years

자카르타, 1971~1980: 예술가가 되기 위한 훈련

돌로로사 시나가가 1971년에서 1980년 사이에 어떠한 성장기를 거쳤는지를 이해하기 위해선 알리 사디킨 주지사 재임기(1966~77)를 필두로 자카르타라는 도시가 어떤 물리적·사회적·문화적 전환을 겪었는지 그 맥락을 먼저 살펴보아야 한다. 이를 통해 우리는 돌로로사가 왜 반둥이나 욕야카르타 Yogyakarta가 아닌 자카르타에서 현대 예술을 배웠는지, 이 시기에 왜 회화가 아닌 조각에 집중하기로 결심했는지, 왜 헨리 무어 Henry Moore의 미학사상을 받아들였는지를 이해할 수 있다. 요약하자면, 당시 자카르타의 전환을 살펴보아야만 돌로로사라는 조각가의 "탄생"을 제대로 이해할 수 있다.

당시 사디킨 주지사는 국제 기준을 따르는 대도시를 건설하겠다는 자카르타의 현대적 비전에 발맞춰[1] 기술관료(테크노크라트)와 미적 가치에 중점을 두고 친부르주아, 친중산층[2] 방식으로 도시를 운영하겠다고 결심했다. 그에 따라 그는 정치 안정과 질서, 경제성장과 문화융성을 달성하고 유지하고자 노력했다. 주지사와 자카르타 지방정부는 세원을 확대하고 제조업에 대한 외국인 직접투자를 유치했으며 해외 차관을 들였다.[3]

1973년에서 75년, 1980년에서 82년 사이의 석유호황이라는 호재를 타고, 공산주의식 현대화에서 중추적 역할을 맡던 공산당의 몰락을 계기로 자카르타 지방정부는 자체의 프로젝트를 진행할 만한, 과거에 비해 더욱 탄탄해진 재정적·정치적 역량을 확보했다. 사디킨 주지사는 신질서라는 실용적 근대화의 주역을 자처하며 도시의 실질적 발전을 도모하기 위해 기술관료들을 고용했다.[4] 그들은 주 도로를 건설하고 도로 양단에 기업들이 입주할 고층 건물을 세웠고[5] 오락시설이나 중산층을 위한 주거단지 또한 건설했다.[6] 그 외에도 캄풍(농촌) 발전 프로젝트를 개시했다.[7] 그 결과 건설 붐이 일기 시작했고 여러 인프라가 도시에 들어섰다.[8] 전기, 상수도, 전화, 버스 관련 시설이 확장되고 개량되었다.[9]

사디킨 주지사는 도시에서 삼륜자전거, 행상, 불법 거주자를 몰아내고자 했다.[10] 그 결과 중산층의 눈으로 본 자카르타는 아무 탈 없이 잘 운영되는 도시로 비춰졌고, 눈에 거슬리는 것이 없는 질서 정연한 도시가 되었다.[11] 자카르타의 사회와 문화도 변화를 겪었다. 실력주의, 번영, 국가적으로나 개인적으로 성장을 꿈꾸는 중산층이 늘었다. 빈곤층이라 해도 어느 정도 생활수준이 개선되었다. 서구의 문화를 받아들이는 시민들도 많아졌다. 소위 "대도시형 수퍼컬쳐 metropolitan super-culture"라는, 인도네시아 언어와 팝 음악, 영화, 문학, 출판물 등이 뒤섞인 사회과학 개념이 등장했다. 자카르타는 대학교육, 유창한 영어실력, 해외여행, 서구에서 만든 소비재(전자제품, 그리고 특히 자가용)를 즐기고 원하기 시작했다.[12]

사디킨 주지사는 자카르타를 "문화의 도시"로 만든다는 명목으로 1968년 TIM 종합문화센터를 세우고 자카르타 예술위원회를 설립했으며 1970년 6월 26일에는 자카르타 예술교육원 LPKJ을 건립했다.[13] 자카르타의 예술세계에 활력을 불어넣어줄 수 있는 작품을 만들 예술가를 길러내기 위해서였다.[14]

예술교육원은 처음 문을 열 당시 무용, 연극, 음악, 영화촬영, 시각예술 등 5개 교과목을 개설했고 모든 학과가 서로 내용을 주고 받을 수 있도록 학제 간 교육방식을 택했다.[15] 공공교육기관의 성격을 띠었으며 자카르타 지방정부의 지원금과 학생들의 등록금, 수업료로 운영자금을 마련했다.[16]

1970년 말 돌로로사는 PSKD 기독교 고등학교를 졸업했고 곧 바로 아버지와 언쟁을 벌여야 했다. 카렐은 딸이 신학을 공부해 선교사가 되길 바랐으나 돌로로사는 열두 살 이래로 항상 예술가가 되겠다는 꿈을 키워왔기에 당시 설립된 지 1년 반 정도 된 예술교육원에서 시각예술을 전공하길 꿈꾸었다. 돌로로사는 결국 예술교육원의 시각예술 학부에 지원하여 입학하게 된다.[17]

  자유는 공짜로 주어지는 것이 아니라 언제나 대가가 따랐다. 1970년 당시 시나가 가족은 점차 부를 쌓아갔고 카렐은 자신의 보험사 부미 아시 자야를 성공적으로 키워나갔기에 돌로로사가 예술교육원에 입학한 첫 해까지만 해도 기꺼이 재정적인 도움을 제공했다. 그러나 카렐은 예술이 괴짜스럽고 단정치 못하며 도덕적으로 해이하여 딸에게 해가 될 수 있다는 믿음 때문에 딸의 전공 선택을 반대했다.[18] 돌로로사는 결국 2학년이 되면서 장학금 그리고 도제로 일하면서 번 돈, 어머니 핀타로부터의 지원에 기대 학비를 마련했다.[19] 아버지와 언쟁하는 딸을 보며 핀타는 "모든 사람이 의사나 공학자가 될 순 없다. 원하는 재능을 펼치도록 해줘야 한다"[20]는 태도를 보였다.

  1970년에서 1977년 사이에 자카르타 예술교육원과 돌로로사 시나가는 각자의 "창세기"를 지나고 있었다. 뒤에서 설명하겠지만 예술교육원의 발전과 시나가의 성장은 서로 밀접한 연관이 있었다. 물론 당시 시나가는 대학생에 불과했기에 예술교육원이 시나가에게 미친 영향이 훨씬 지대한 것은 사실이다. 예술교육원이 예술학교로서의 정체성을 형성하느라 분주한 가운데 돌로로사는 예술가가 되기 위한 훈련을 받았다. 시각예술학부는 공동 작업실과 서구의 일반 작업실을 교육적으로 결합하려 했다.[21]

우스만 에펜디 Oesman Effendi, 나샤르 Nashar, 자이니 Zaini 등 학과 내에서 소수에 속하는 비학문적 화가들[22]은 공동 작업실을 통해 훌륭한 성과를 냈다. 그러고 나서 그들은 인도 산티니케탄 Santiniketan 및 인도네시아 이슬람 기숙학교의 교육방식에 영감을 받아, 전문 예술가를 양성하는 최고의 교육을 제공하기 위해서는 다음의 요소가 필수적이라 생각했다. 첫째는 독립된 학습자인 학생과 조력자인 교육자 간의 밀접하고도 광범위한 상호작용이고, 둘째는 캠퍼스 내에서 공동 작업실을 통해 배우는 교육정신을 전파하는 것이다. 이어서 세 번째는 자연과 가난한 사람들 속으로 완전히 빠져들어가는 것이고, 네 번째는 인격 형성과 예술가적 자질을 갈고 닦는 것이며, 마지막으로 다섯 번째는 복잡하게 얽힌 학문적 관료주의를 벗어 던지는 것이다.[23]

반면 인도네시아(반둥 공과대학 시각예술/디자인 학부, 욕야카르타에 있는 인도네시아 예술학교 등)나 해외(네덜란드, 서독, 미국 등), 혹은 양쪽에서 예술학교를 나와 대학 학위를 취득한 사람이 으레 그렇듯, 예술교육원 시각예술 학부 강사의 대부분은 서구식 교육법으로 학생을 가르치길 원했다. 이 강사들은 신질서 정부의 교육 근대화를 지지하고자 했고, 예술작품의 소비자가 사는 도시 사회의 기대에 부응해야 한다는 생각을 갖고 있었다. 그리하여 그들은 국가의 인정을 받을 만한, 그리고 사회의 수요에 부응할 수 있을 만한 작품구조, 제작과정, 예술상품 등에 대해 학생들에게 가르치고 싶어 했다. 졸업생이 단순히 전문성만 갖추는 것이 아니라 학위와 함께 제도적 체계에 기반한 명망을 누릴 수 있도록 지원했다. 그들은 예술교육원이 제대로 된 교과과정을 갖춰야 하며, 단위별, 특성별, 학기별, 학년별, 등급별로 세분화된 교육 패키지를 구성하여 시험을 치르고 학위를 수여해야 한다고 주장했다.[24]

1973년, 서구식 학습법을 주장하는 진영의 승리로 토론이 마무리 지어졌다. 강사들은 이내 자신의 비전에 따라 예술교육원을 재단장했다. 공동 작업실의 소위 "정신"은 보조적인 요소로 살려두기로 했다.[25] 교육법에 대한 시각은 서로 달랐지만 두 진영 모두 합의를 통해 하나된 교육을 제공하게 되었다. 전체적으로 보면 두 진영 모두 근대주의의 변형인 "보편적 휴머니즘"을 저마다의 방식으로 받아들였으며, 시각예술 학부가 새 세대의 인도네시아 전문 예술인을 배출하는 "기계"로써 활용되어야 한다는 점에 공감했다.

심리사회학적 발달 단계로 보면 돌로로사는 (근대사회 혹은 근대화를 추진하는 사회에 살았던 당시 인도네시아 또래 세대와 마찬가지로) 열아홉에서 스물다섯 살까지 성장한 1971년에서 1977년 사이에 성인이 되는 초입에 서 있었다. 이성애자 여성인 돌로로사는 한 남성과 로맨틱한 관계에 빠졌다. 또한 시각예술 학부의 학생으로서 정식 교육을 받으며 예술가의 길을 걸었다. 그에게 예술가라는 꿈은 단순히 직업선택의 수준을 초월한 정체성의 선택에 가까웠다. 그는 자기 자신의 세상, 다시 말해 주변 친척, 연인, 친구, 사회와 타협하기 위한 정체성을 형성해갔다.

돌로로사는 이전 세대와 다른 역사적 순간 속에서 정체성을 만들어온 신세대 인도네시아 청년에 속했다. 1945년(독립전쟁 첫해)이나 1959년(교도 민주주의 시대 원년)에 열여덟이거나 열아홉 청년기를 맞은 자카르타 출신 청장년 세대들은 네덜란드 식민정부의 위협 혹은 다른 이데올로기를 주창한 인도네시아 내부의 적의 위협을 겪어가며 정체성을 형성한 세대였다. 이들은 저마다 이러한 위협의 원천을 부인하거나, 평가절하하거나, 심지어 파괴적 행위를 감행하며 자신의 정체성을 지켰다. 1970년대 초 자카르타에 살았던 돌로로사는 개인으로서나 전문 예술가로서의 정체성을 지키기 위해 이런 과격한 시도를 벌이진 않았다. 자신의 선택을 불허한 아버지와 협상을 벌이는 것만으로도 자신의 정체성을 지키기엔 충분하다 느꼈기 때문이다.

1971년 돌로로사는 2차 모집에 합격해 예술교육원에 입학했다. 처음에는 회화, 조소, 그래픽아트 세 가지 분야를 모두 경험해보기로 했다. 이로써 그는 야니 마리아니 사스트라너가라Yani Mariani Sastranegara(1955~), 디안투스 루이사 파티아시나 Dianthus Louisa Pattiasina, 알체 울리 판자이탄Altje Ully Pandjaitan(1958~)과 더불어 예술교육원에서 조소를 배운 첫 번째 여성으로 이름을 올렸다.

예술적 지평을 넓히고 싶었던 돌로로사는 영화 학부의 자둑 자야쿠수마Djadoeg Djajakusuma(1918~87), 와휴 시홈빙Wahyu Sihombing(1933~89), 영화촬영 학부의 D. A. 페란시D. A. Peransi(1939~93), 수마르조노 데망 위르요쿠수모Soemardjono Demang Wiryokusumo(1927~98), 음악 학부의 슬라메트 압둘 슈쿠르Slamet Abdul Sjukur(1935~2015), 무용 학부의 후리아 아담Huriah Adam(1936~71), 파리다 페이솔Farida Feisol(1939~2014) 등과 학제 간 토론을 벌이기도 했다. "그렇게 이야기를 나누면 머릿속에서 아이디어가 떠올랐어요."[26]

돌로로사는 예술교육원에서 강사와 이야기를 나누며 예술적 지평을 넓혀갔지만, 시각예술 학부의 공부가 그의 심미적 시각을 넓혀주진 못했다. 반둥 공과대학 시각예술/디자인 학부FSRD ITB나 욕야카르타의 인도네시아 예술학교ASRI 출신인, 예술교육원 시각예술 학부의 강사진들은 대부분 서구식 형식주의를 따랐다. 일례로 조각 작업실에서 돌로로사를 가르친 에디스 라트나 시아지안 Edith Ratna Siagian(1946~)과 수리아 페르나와 Surya Pernawa(1939~2015) 두 사람은 모두 반둥 공과대학 출신으로 돌로로사에게 헨리 무어의 미학을 가르쳤다.[27]

어느 날 돌로로사는 조소를 전공하기로 마음 먹었다. 이러한 결정의 배경에는 당시 그림 작업실에서 강의를 하던 우스만 에펜디(별칭은 OE)의 영향이 컸다. 돌로로사의 그림에서 하나같이 볼륨감, 즉 조각의 양식이 묻어나는 것을 본 우스만은 돌로로사에게 조소 전공을 권했다. 돌로로사는 예술교육원에서 가장 솔직하고 통찰력이 뛰어나며 마음이 넓다고 느꼈던 강사가 전해준 자신에 대한 평가와 추천을 받아들이기로 했다.[28] 그리고 얼마 지나지 않아 스스로도 회화나 그래픽아트보다 조각을 할 때에 더욱 폭넓은 감정의 팔레트를 표현할 수 있음을 깨닫게 된다.

조각은 회화나 그래픽아트보다 더 큰 만족을 선사했다. 1977년 돌로로사는 졸업작품용으로 조각품 몇 점을 제작했다. 돌로로사는 자신이 이 예술장르와 잘 통한다고 느꼈다. "부피감이 좋아요. 덩어리를 빚어… 감정을 표현하는 게 좋아요. 제가 좋아한, 격렬한 신체운동을 즐기던 그 사람처럼요." 자신을 가르친 강사에게서 받은 영향을 보여주듯, 돌로로사가 졸업작품으로 만든 대부분의 조각에선 추상적이고 비구상적인 헨리 무어풍의 양식이 묻어났다.[29]

1977년 돌로로사는 예술교육원 시각예술 학부에서 학사학위를 마친다. 당시 졸업식에서 예술교육원을 대표해 학위를 수여한 사람은 다름 아닌 사디킨 주지사였다. 자카르타 문화사의 한 획을 긋는 순간이 분명했다. 돌로로사는 예술교육원 유일의 첫 졸업생이었다. 졸업 이후 돌로로사는 전문 여성 조각가이자 예술 강사로서의 삶을 시작하며 인생의 전환점을 맞았다. 그는 이리안틴 카르나야 Iriantine Karnaya(1950~)[30]와 야니 마리아니 사스트라너가라[31]와 함께, 트리조토 압둘라 Tridjoto Abdullah(1917~89), 리타 위닥도 Rita Widagdo(1938~), 리타 위닥도의 제자인 에디스 라트나 시아지안[32]의 뒤를 이어 인도네시아 전문 여성 조각가 4세대에 합류했다.

　세월이 지나 어느 언론 인터뷰에서 돌로로사는 과거를 반추하며, 예술교육원에서 배웠던 것 중에 아쉬운 점이 많았지만 그럼에도 그 시절이 전문 조각가 및 예술 교육자로 성장하는 데 주요한 역할을 했음은 분명하다고 밝혔다. 반둥 공과대학 시각예술/디자인 학부나 욕야카르타 인도네시아 예술학교가 아닌 예술교육원이 돌로로사를 학생으로 받아주었고, 학교 기금이나 학부 교원을 비롯한 여러 자원이 부족함에도 전문 예술가에게 필요한 기본적인 예술적 기량과 삶에 대한 세계관을 심어주었다. 또한 조각가로서의 인생을 찾아준 것도 예술교육원이었다. 예술교육원 덕분에 돌로로사는 자카르타 예술세계 내의 흐름에 올라탈 수 있었다. 이 흐름에 올라선 돌로로사는 그 속에 담긴, 예술가로서 성장할 수 있는 기회를 활용하기 시작했다.

예술교육원 시각예술 학부 시절 그는 학업에 전념했다. 얼마 지나지 않아 성과가 나타났다. 1972년 예술교육원 학생 예술축제에서 돌로로사는 본상을 수상했다. 이어 1973년에는 아트 콜라보레이션 인도네시아 전역 학생회 연합 All-Indonesia Student Body for Art Collaboration 행사에서 본상을 수상했다. 자신이 선택한 학문의 길에 진지하게 임하고 있다는 것을 아버지에게 증명한 것이다. 카렐은 이내 백기를 들고 딸의 선택을 인정했다.

예술교육원에서 지내는 동안 돌로로사는 인도네시아의 여러 지역을 돌며 현지 프로젝트를 수행했다. 그중 가장 중요했던 것이 바탁, 니아스 Nias, 파세마 Pasemah, 토라자 종족의 거석문화에 담긴 선조들의 도상학 圖像學을 비교연구하는 프로젝트였다. 그는 인도네시아 군도 지역의 문화를 연구하기 위해 발리, 마두라, 베솔레 Besole 마을(자바 동부 툴룽아궁에 있는 대리석 공예의 중심지[33])을 돌아다녔다. 전통예술에 관한 현장답사를 다녀온 돌로로사는 1979년 바탁 석관 Batak Sarcophagus [Figure 1]이라는 작품을 만든다. 이 초기 작품을 보면 그가 전통적 요소를 현대 조소에 담아내는 작업에 아직 능숙하지 않았다는 것을 알 수 있다. 돌로로사는 해외에서 좀 더 집중적으로 훈련을 받을 필요가 있었

Figure 1 돌로로사 시나가, 「바탁 석관」, 1979

고, 그 장소로 영국을 택했다.

돌로로사는 성인이 되는 초입에서 인생의 균형을 잘 잡아가고 있었다. 예술교육원에서 예술가로서의 자질을 갈고닦는 동안 연애도 잊지 않았다. 1973년 돌로로사는 아르주나 후타갈룽 Ardjuna Hutagalung(1951~)을 만나게 된다. 서로 공통점이 많다는 점에 끌린 둘은 연인이 되었다. 둘 모두 자카르타 상류 중산층 출신이었고 바탁 가문에 속했으며, 같은 학교를 다닌 데다 음악을 사랑했다. 아르주나는 중간 간부급의 군장교였던 보리스 카를로프 후타갈룽 Boris Carlof Hutagalung의 아들로 태어나 반둥에서 자랐다. 그는 자카르타의 잘란 가룻 Jalan Garut에서 친척들과 살았다.[34] 1973년 아르주나는 예술교육원 음악 학부에 입학한다. 몇 년 후 그는 인도네시아 대학 문학부에서 철학을 전공하게 된다.[35] 돌로로사에게 프로그레시브 록 음악[36]을 소개해 준 것도 바로 아르주나였다. 1973년에서 1983년 사이에 돌로로사와 아르주나는 만나고 헤어짐을 반복한다. 그때만 하더라도 1996년 말에 둘이 결혼에 이르리라고는, 그리고 돌로로사가 예술가로 성공하는 길에 무한의 지지를 보내줄 사람이 아르주나가 되리라고는 아무도 예상하지 못했다.

공부와 연애 외에도 돌로로사는 예술교육원 안팎으로 학생 활동에 참여했다. 1971년 즈음 돌로로사는 인도네시아 대학 경제학부 출신의 유명한 학생운동가 샤흐리르 Sjahrir(1945~2008)[37]

가 이끄는 '이카탄 마하시스와 자카르타IMADA'라는 이름의 대학생 연합에 참여한다. 당시 돌로로사와 비슷한 시기에 연합에 들어온 저명한 이로는 인도네시아 대학 사회과학부의 야양 C. 누르Jajang C. Noer(1952~), 트리삭티 대학 토목공학과 터구 에샤Teguh Esha(1947~)[38] 등이 있다. 1974년 돌로로사는 예술교육원 학생회장으로 뽑힌다. 여자 학생으로서는 최초의 일이었다.[39]

돌로로사는 조각가로 활동하던 장년기 동안 인권운동가로 이름을 알렸지만 청년기에는 정치에 무관심한 사람에 가까웠다. 예술교육원에 다니는 동안에는 일부러든 혹은 다른 이유로든 1970년대 자카르타에서 전개된 학생 주도의 정치 활동에 참여하지 않았다. 일례로 1974년 자카르타에서 학생 저항운동의 불꽃이 (말라리Malari 사태 또는 '1월 15일의 재난'이라고도 불리는) 1월 15일 민주화 투쟁으로 번져갔을 때에도 거기에 참여하지 않았다. 그로부터 43년이 지난 뒤 돌로로사는 신질서 정부가 당시 운동에 참여한 사람을 어떤 식으로 즉각 처리했는지를 되뇌었다. 1945년 8월 17일, 당시 돌로로사가 살던 잘란 칠라찹Jalan Cilacap 3번가 근처 잘란 투쿠 칙디티로Jalan Teuku Cikditiro 46번가에 위치한 대학에 병력이 들이닥쳤다. 병사들은 학생운동 주동자를 잡아 트럭에 밀어 넣었다. 이 사태는 돌로로사의 마음에 한 가지 사실, 즉 인도네시아는 시민을 잡아들일 권한마저 갖고 있는 "군정통치" 국가라는 사실을 각인시켰다.[40]

돌로로사가 예술가로 성장하던 초기 시절, 그리고 (서로 시기가 겹치는) 예술교육원에서 수학하던 시절의 자카르타는 "대문화운동great cultural activity"의 시기를 거치고 있었다.[41] 도시 무역이 번성하고, 미디어 기술이 위력을 더해가고, 사회가 서구문화를 힘차게 흡수하고, 도시 전경에 기업 사옥들이 들어서는 등 이런 모든 발전으로 인해 인도네시아 예술상품과 서비스를 소비할 수 있는 시장이 형성되던 시기였다.

유학 시절, 1980~1983

2001년 10월 10일부터 31일까지 자카르타 국립미술관에서 돌로로사는 '몸에서 하나의 조각품을 본 적이 있는가Have You Seen a Sculpture from the Body?'라는 이름의 첫 단독 전시회를 개최한다. 이는 영국에서 두 차례 개최했던 '몸에서 조각품을 본 적 있는가Have You Seen Sculpture from the Body?'라는 합동 전시회의 제목에 대한 하나의 반복이기도 하다. 첫 합동 전시회는 1983년 9월 24일부터 10월 18일까지 런던의 우드랜즈 아트 갤러리Woodlands Art Gallery에서 개최했고, 두 번째는 1984년 9월 3일부터 10월 14일까지 테이트 갤러리Tate Gallery에서 진행했다. 1983년 합동 전시회 참여자들은 학생들뿐 아니라 학부 시절 최고 성적으로 졸업해 강사가 된 세인트마틴 대학 St. Martin's School of Art 조소과 출신까지 총 열여섯 명이었다.[42] 울멘 아이진 Ulmen Aygin, 마틴 페라비 Martin Ferrabee, 파멜라 핀혼 Pamela Pinhorn을 제외한 모두가 1984년에 두 번째 합동 전시회에 참여했다.[43] 이것이 의미하는 바는 무엇인가? 이는 단순히 단독 전시회와 합동 전시회의 이름이 비슷하다는 의미가 아니라 돌로로사와 열여섯 명의 조각가 간에 지적인 친밀감이 형성되었음을 보여준다. 이 친밀감의 구심점을 담당한 이는 바로 앤서니 카로 Anthony Caro(1924~2013)였다. 카리스마 넘치는 선생이었던 앤서니는 강의를 그만둔 1979년 이후에도 조소과의 강의방식과 학생교육에 대단한 영향력을 발휘했던 인물이다.[44]

인도네시아 예술교육원 덕택에 돌로로사가 처음으로 예술가가 되기 위한 훈련을 받았고, 그곳에서 조각가로서의 자질을 발견한 것은 분명하다. 하지만 1980년부터 3년간 세인트마틴 대학에서 공부하고 나서야 그는 전문 조각가로서 지녀야 할 마음가짐과 기술을 익힐 수 있었다. 그는 어떻게 지금과 같은 조각가가 되었을까? 1980년대 중반부터 만든 조각품에는 어떤 배경이 숨어 있을까? 이 질문에 대한 답을 찾기 위해서는 1980년부터 3년간 세인트마틴 대학에서 그가 영국의 위대한 조각가 앤서니 카로, 그리고 앤서니 카로를 따랐던 조각가 팀 스콧 Tim Scott(1937~)과 앨런 구크 Alan Gouk(1939~) 사이에서 나눈 직간접적인 교류를 들여다볼 필요가 있다.『조소의 언어The Language of Sculpture』[45]의 저자 구크는 윌리엄 터커William Tucker(1935~)의 뒤를 이어 날카롭고도 유려한 작품을 선보인, 앤서니 카로 조소학파 "전파자"의 대표 격이었다.[46] 당시 카로는 영국의 헨리 무어(1898~1986), 바버라 헤프워스Barbara Hepworth(1903~75)는 물론 미국의 데이비드 스미스David Smith(1906~65)의 영향을 받은 후계자로 자리를 잡은 상태였다.[47] 당시 그 주변인들이나 돌로로사가 종종 이 인물들 간의 지적인 만남에 대해 힘을 주어 이야기한 바가 있긴 하지만, 지금까지 그런 만남을 세세하게 기술한 자료는 없다.

돌로로사가 세인트마틴 대학에서 했던 경험의 뿌리까지 당도하기 위해 먼저 서로 연관되어 있는 세 가지 '수수께끼'를 풀어보고자 한다. 먼저 1970년대 말에서 1980년대 초 사이 세인트마틴 대학에서 카로가 스스로, 그리고 후배 동료나 학생을 위해 세웠던 목표는 무엇인가? 둘째, 왜, 어떻게, 어떤 결과물을 위해 이러한 목표를 설정했는가? 셋째, 돌로로사는 카로식의 이 같은 모험을 어떻게 바라보았는가?

1970년 말에서 80년대 초까지 카로는 1950년대 초부터 그래왔던 것처럼 자기식으로 "더 높은 수준의 조소에 도달할"[48] 방법을 탐구하며 조각에 매진했다.[49] 카로는 아버지와도 같았던[50] 영국의 헨리 무어[51]와 미국의 데이비드 스미스[52]의 가르침을 받아 이를 더 높은 수준으로 끌어올렸으며, 미국의 형식주의 예술비평가인 클레멘트 그린버그Clement Greenberg(1909~94)와 미국의 미술사가 마이클 프라이드Michael Fried(1939~)와 이야기를 나누며 많은 영감을 얻었다. 이를 기반으로 카로는 전통을 재구성[53]하기 위해 "조각은 무엇인가?" "조각은 어떤 모습이어야 하는가?"[54]라는 질문 대신 "조각은 무엇이 될 수 있는가?"[55]라는 질문을 스스로 (그리고 학생에게) 던지며 "조각의 한계점을 (파괴하는 것이 아니라) 조금 더 뒤로 밀어냈고" "조각에 활력을 (지속해서) 불어넣었다".

1950년대, 그리고 (기간은 짧았으나) 1980년대 표현주의적 구상미술 작품은 물론이고 1960년대에서 70년대, 그리고 80년대 이후에 제작한 추상적 형식주의 작품에서도 카로는 이 질문들에 대한 답을 찾기 위해 한 가지 주제에 집중했다. 즉, "나를 움직이는 모든 예술"의 근간을 이루는 역동적인 몸의 표현[56]이 우리 내부에 있다고 생각한 카로는 "사람의 느낌이 담겨 있는 작품"을 만들기 위해 내내 절치부심했다.[57] 그러다 보니 중력에 저항하기 위해 안간힘을 쓰고 있는 "(사람의) 신체 속에 있으면 어떤 기분이 들까?"[58]라는 질문에 대한 답을 찾고자 고민하게 되었다. 카로는 막다른 길에 다다를 때마다 그 벽을 넘어가기 위해 노력하면서 그린버그가 말한 "자신의 예술을 바꾸려면 자신의 습관부터 바꿔라"[59]라는 조언을 항상 떠올렸다. 이런 식

으로 카로는 어려운 길을 쉼없이 헤쳐나갔고,[60] 익숙하지 않은 소재나 방법을 택해 작업했다.[61]

1980년 돌로로사는 세인트마틴 대학원에 진학했다. 그때 마침 프랭크 마틴Frank Martin의 뒤를 이어 팀 스콧이 조소부 학과장[62]으로 부임했다. 당시 조소과는 1952년부터 마틴의 뛰어난 리더십에 힘입어 "(영국) 예술계에서 가장 유명한 학부"[63]라는 명성을 더해갔고 1960년대, 70년대까지 "영국에서 내로라하는 조각가는 모두 이 학부를 거쳐"[64]갔다.

1980년 돌로로사는 영국문화원의 장학금을 받아 영국에서의 대학원 생활을 시작한다. 사실 그는 당시에 세인트마틴 대학에 대해 아는 것이 거의 없었다.[65] 영국의 여러 조소과에 원서를 제출했지만 받아주는 곳이 세인트마틴 대학뿐이었다. 자카르타의 영국문화원 담당자는 돌로로사의 입학을 도와주면서 세인트마틴 대학의 조소과는 수업도 어렵지만 무척 실험적이라 마치 "실험실"[66] 같을 것이라며 주의를 줬다. 돌로로사는 일단 한번 부딪쳐보기로 했다.

냉전시대 동안 돌로로사가 미국의 최우방국인 영국에서 장학금을 받으며 공부했다는 사실을 보면, 그 역시도 1965년 이후 인도네시아가 겪은 주요 정치적 변혁, 즉 인도네시아 공산당의 붕괴와 수카르노 대통령의 몰락으로 인해 신질서라는 이름의 친서구 체제가 등장한 결과로 탄생한 산물임을 알 수 있다.

그렇다면 1970년대 후반에서 80년대 초까지 왜, 어떻게 세인트마틴 대학은 카로 풍의 조소적 탐색을 시작했고 그 결과는 무엇이었는가? 이 시기에 화가 앨런 구크는 아버지와도 같았던 카로와 스콧 학과장의 비호와 지지 아래에서 세인트마틴 대학의 "조소 심화과정의 지휘통솔을 맡았다".[67] 1978년 앨런은 심화과정을 가르치면서 "몸에서 조각품을 끌어내는" 실험을 시작한다.[68] 그로부터 2년 뒤 구크는 「고유의 조각Proper to Sculpture」이라는 에세이를, 1984년에는 「탄소, 다이아몬드」라는 에세이를 펴내면서 큰 반향을 일으켰고, "카로주의"[69]의 가장 대표적인 이론가이자 대변자로 자리매김했다. 1980년대 전반에 걸쳐 표현주의적 형태가 카로의 손을 통해서, 그리고 영국 조각계 모두의 손에서 "부활"했다는 점은 주목할 만하다.[70] 이는 막다른 길에서 돌파구를 마련하고자 예리한 감각을 발휘한 셈이었다. 비비안 나이트Vivien Knight는 이를 두고 다음과 같이 평했다. "조소가 자신의 뿌리인 현실에서 너무나 동떨어진 곳까지 나아가다 보니 이 추상적 예술은 예술과 인위에만 의지해 스스로를 소모해야만 존재할 수 있는 상태가 되었으며 시각적·지적 반응 외에는 이끌어낼 수 없게 되었다."[71]

구크가 1980년대 초 세인트마틴 대학에서 카로주의 조소 심화과정 강의를 준비하면서 지침으로 삼았던 주요 아이디어는 무엇이었을까? 그것은, 카로의 교리 대부분을 따르고자 십분

노력하면서도 카로의 1960년대 작품에 묻어 있는 "회화적 경향"만큼은 단호히 거부하며 입체성을 밀어붙인 것이었다. 현대 조소가 "곡예와 양식화"에서 벗어나길 바랐던 구크는 조소만의 형이하성 形而下性에 눈을 돌려, 조소가 설치나 행위예술 같은 여타의 예술 형태와 섞이지 않도록 노력했다.

이런 이유로 구크는 ("추상이라는 경계 내에서" 피상적인 모방을 멀리하는) 보다 근본적인 조소로 회귀할 것을 주장했다.[72] 세계 예술사적 시각을 받아들였던 그는 현대 조소란 "다른, 더 오래된 문화 속 위대한 조소"와 비교 평가되어야 한다고 주장했다.[73] 그렇게 세계 최고의 조각을 조사하던 와중에, 현대 서구의 조소를 한 단계 더 발전시키기 위해서는 "진정한 조각적 잠재성을 지닌 모티브"를 찾아 이를 중심으로 작품활동을 해야 한다고 결론짓는다. 그리고 그중 한 예가 "사람 몸의 구조"[74]라고 주장했다. 구크를 비롯한 카로주의 예술가들은 사람의 몸이야말로 "가장 직접적으로 이해할 수 있는 제일 복잡하면서도 독립된 유기체"라고 보았기 때문에 사람의 몸을 파고들었다.[75] 팀 스콧의 말을 빌리자면 "예술의 초기부터 사람의 몸은 가장 중요한 조소의 주제였다"[76]라는 점을 깨달은 것이다. 모든 구조 중 사람의 몸은 가장 미묘하면서도 높은 몰입도와 복잡성, 정교성을 갖추고 있었다. 즉, "조각은 근본적으로 사람 몸에 대한 것이며" "몸의 표현"이었다. "몸에 대한 긍정적인 인식"이 빠진 조

각은 "텅 빈, 장식을 위한, 추상적인" 조각일 뿐이었다.[77]

구크는 "모든 것을 사실적으로" 바라보면서 조각이 예술 형태로서 지니는 "온전한 잠재력"을 이끌어내려면 조각가 스스로가 "기독교적이고 로마네스크적이며 전형적인 초기 고딕 양식"의 관점에서 인간의 신체를 바라보는 것을 멈추고 "사실 그대로 바라보는 법"[78]을 다시 배워야 한다고 보았다. (움직이는 상태 혹은 앉아 있는) 사람의 몸이 경험하는 삶을 탐구하고, 또한 몸에 작용하는 "중력과 구조의 논리"를 이해함으로써 기존과는 다른 새로운 방식으로 조각적 표현을 할 수 있는, "긴장감과 압박감 tensions and stresses"을 갖춘 구조적 뼈대를 형성할 수 있다고 믿었다.[79]

그렇다면 조소 심화과정 수업은 실제로 어떻게 운영되었을까? 1979년 학과장이 된 팀 스콧은 강사도 학생도 "몸으로부터 조각"을 창조하려는 예술적 노력을 기울이길 원했다.[80] 이후 1984년이 되어 구크는 학생들이 예술을 배울 때 스스로 다음과 같은 내용을 고찰해주길 바랐다고 회고한다.

> (인간의) 몸이 동물처럼, 달리기 선수처럼, 멀리뛰기 선수처럼, 곡예사처럼, 체조선수처럼 뛰어오르거나 멀리 뛰는 등 복잡하고 리드미컬한 자극이 살아 있는 형태가 되도록, 근원을 알 수 없는 그 첫 추진력이 발목, 발가락에서부터 시작해 하나의 리듬을 마무리하고

이내 다음 단계의 리듬을 준비하도록 만들고 조율하는 그것.[81]

 1970년대 말에서 80년대에 걸쳐 세인트마틴 대학 조소과 학생이 인체 해부학 수업을 듣고, 체육관에 가서 체조 선수들을 감상하거나 발레 연습실에서 안무가들을 관찰하고, 누드 모델을 탐구하며 "긴장과 이완 strains and relaxations" "동작을 품은 잠재력 potential for movement" "신체적 경험의 변화무쌍함 kaleidoscope of physical experience" "표현력 capacity for expression"을 공부한 이유가 바로 여기에 있다.[82] 학생이 사람의 몸을 주제 삼아 이를 사실주의 방식으로 모방하도록 교육한 것이 아니라, 조소적 표현을 만들어내는 지식의 원천을 사람 몸에 담긴 구조와 움직임에서 찾길 바란 것이다.[83] 다시 말해 조각가가 "형식적·구조적 능력"을 발휘하여 신체의 관계를 명확하게 밝혀야 한다고 강조했다.[84]

 조소 심화과정에서 조각을 하면서 학생들은 두 가지 가장 큰 난관에 부딪쳤다. 첫 번째는 사람의 몸이 중력을 이용하거나 그것에 저항하면서[85] 움직임을 만들어내는 과정을 어떻게 이해할 것이며, 조각가가 어떻게 공간을 창조하고 형성하면서 이런 몸의 움직임을 3차원적으로나 물리적으로 진실되게 표현할 수 있을까에 대한 고민이었다.[86] 두 번째는 지성을 강조하는 동시대의 추상적 조각의 경향을 극복하고, 심신이 "온전하게 담겨 있는 fully engaged" 순간에 나타나는 몸의 움직임에서 볼 수 있는 "저 깊숙한 곳의 리듬 deeper rhythms"에 대한 "직관적 느낌 intuitive feel (혹은 강렬하고 놀라운 느낌)"을 어떻게 추구해야 하는지에 대한 의문이었다.[87]

조소 심화과정은 높은 고지를 향해 나아갔다. "동작 상태에 있는 몸의 구조에 해당하는 조소"를 추구하며 오귀스트 로댕 August Rodin(1840~1917), 에드가 드가 Edgar Degas(1834~1917), 앙리 마티스 Henri Matisse(1869~1954) 같은 거장보다 더 높은 곳에 오르고자[88] 학생들은 오래된 습관을 떨쳐버렸다. 둥글게 만 종이, 골판지, 판지, 얇게 편 찰흙, 버리거나 용접한 철 같은 소재부터 흔히 쓰이지 않는 오렌지, 리크(파의 일종), 원단, 바구니, 항아리 등 다양한 소재를 시험하며, 응시하며, 관찰하는 방식을 여러 각도로 바꿔보았다.[89] 그렇다고 조각의 한계점 자체를 무너뜨린 것은 아니었다. 예를 들어 세인트마틴 대학의 강령에 반기를 들었던[그리하여 나중에는 자기 스스로를 조각상으로서 전시했던] 길버트 프로슈 Gilbert Proesch(1943~)나 조지 패스모어 George Passmore(1942~)처럼 "살아 있거나 걸어 다니는" 포즈만 취하는 수준의 조각을 만들려는 시도는 하지도 않았고, 그럴 생각도 없었다.[90]

세인트마틴 대학에서 카로, 스콧, 구크가 추구했던 조소적 탐색은 당시 서구 미술계에서 추구하던 모더니즘의 일부에 속했다. 조소가 활동할 수 있는 영역을 좁히면서 자주적인 방식

으로, 회화와 차별화된, 입체적인 형이하성을 갖춘 상태로 중력과 공간과의 대화를 이끌어내길 바랐다.[91]

서로의 지향점과 시각을 나누면서 카로주의를 공부했던 조소과 학생들은 주기적으로 스스로를 비판해보는 토론의 장을 열었다. 이러한 토론에 임하면서 학생들은 자신의 창조물에 대한 책임을 조금도 피하지 않고 서로의 작품을 "매섭고 엄격하게 정밀 조사"[92]했다. 그러다 보니 당연하게도 예술 학부 내에서 조소 심화과정은 지나치게 "엄격"하고 "폐쇄된 형식"으로 수업을 운영하면서 카로식 미적 기준을 집착에 가깝게 신봉한다는 이야기가 돌았다. 1979년 앤서니 카로는 예술비평가 피터 풀러 Peter Fuller와의 인터뷰에서 세인트마틴의 당시 조소 수업방식을 옹호하면서 바로 그런 비판이 자신이 중요하게 생각한 부분이었음을 다음과 같이 털어놓는다.

> 누구라도 주제의 핵심으로 들어가기 위해서는 시야를 좁게 봐야 명확히 그 대상을 볼 수 있다. 다른 대부분의 예술대학처럼 마음씨 좋게 열린 마음으로 다 수용하는 태도를 보이면 희석되어 흐릿하게 남은 형태밖에 건질 수 없다.[93]

이후 1984년에 앨런 구크는 "탄소"가 "다이아몬드"로 변해야 한다는 비유를 통해 자신의 생각을 집약하여 표현했다. 즉

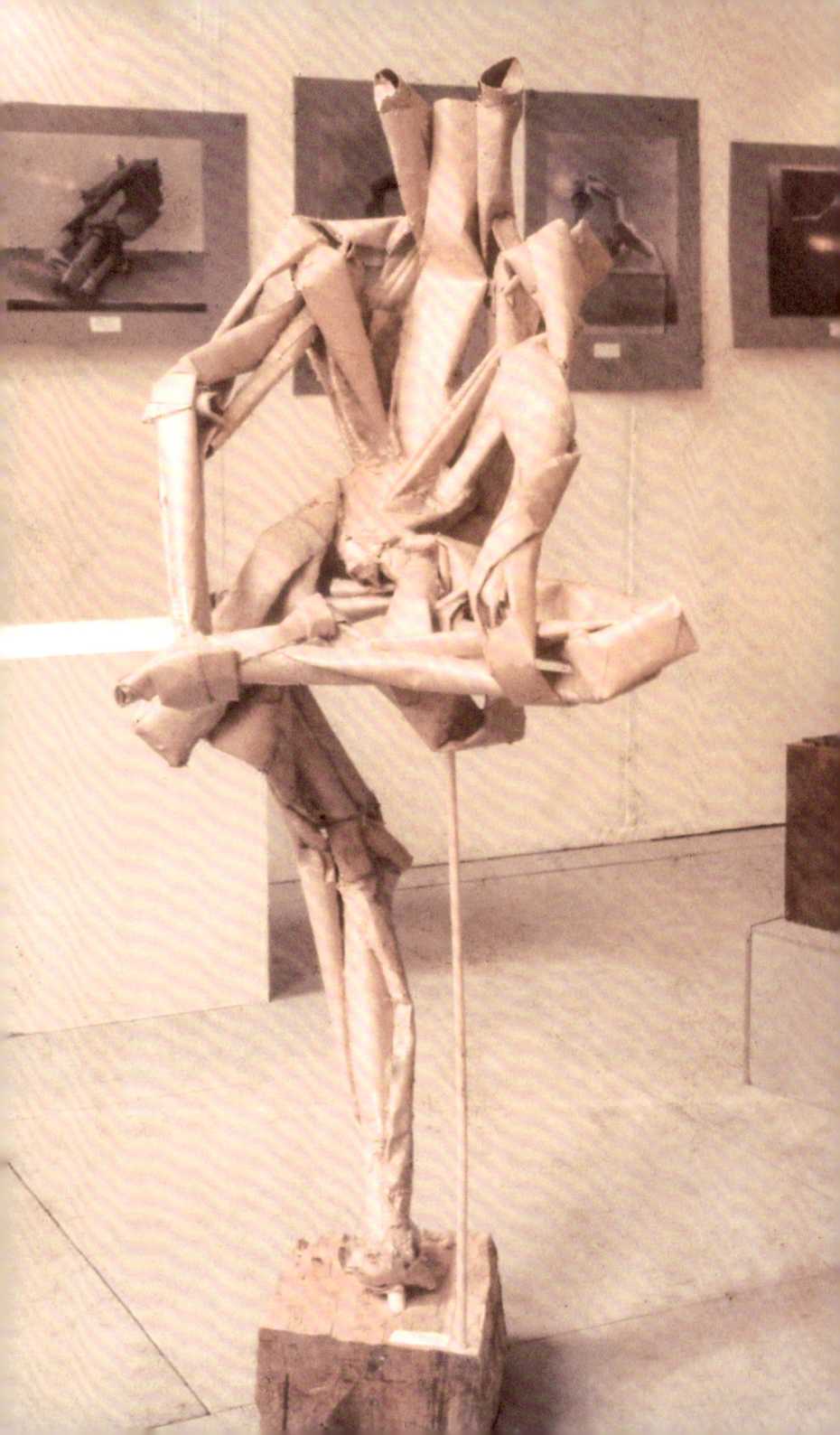

혁신은 수양의 산물이며, 조각가는 압박을 느끼며 그 속에서 살아남아야 미적 자유를 거머쥘 수 있다는 의미였다.[94]

"몸에서 조각"을 한다는 의미를 구체적으로 이해하기 위한 예를 살펴보자. 왼편 사진에 있는, 돌로로사가 세인트마틴 대학에서 수학할 당시 제작했던 작품이 대표적이다.[Figure 2] 캐서린 길리 Katherine Gili의 레오니드 Leonide 또한 참고할 만하다. 정도는 달라도 두 작품 모두 형이하성, 입체성뿐만 아니라 (들어올린 다리 한 쪽 또는/그리고 두 팔을 보면) 공간감을 갖추고 있다. 주변 공간과 더불어 중력과 상호 작용하거나 저항하는 신체의 모습이 자유롭게 표현되어 있다.[95]

헨리 무어식 사고를 하며 예술교육원을 다녔던 돌로로사는 세인트마틴 대학의 조소 심화과정을 들으면서 큰 충격을 받았다. "예술교육원에서 배운 내용은 세인트마틴에서 배울 내용을 준비하는 데 전혀 도움이 되지 않았다. 헨리 무어는 증발해버렸고 헨리 무어의 작품은 구시대의 산물이 되었다."[96] 이 수업을 통해 돌로로사는 조소의 발전에 기여한 문학, 서양예술사, 단조鍛造 및 용접 기술, 인체해부학, 인체역학 등[97]을 접하면서 (자코메티Giacometti, 콜비츠Kollwitz 등 돌로로사의 성숙기에 큰 영향을 준 것

Figure 2 돌로로사 시나가, 「무제Untitled」, 1980-1982

으로 알려진 작품을 만나는 등) 더 큰 예술세계를 조우하게 되었다. 때로는 동작을 펼치고 있는 사람의 뼈가 어떻게 움직이는지 대해, 마치 실험실에 있는 양 하루 여덟 시간 내내 너무 자세하게 집중해서 연구하다가 구역질을 일으킨 적도 있다.[98] 이렇게 고강도로 엄격한 수업을 받다 보니 돌로로사는 입학 후 첫 3개월 동안 혼란 속에서 지낼 수밖에 없었다. 돌로로사는 "'세뇌'를 당하는 기분이었다"[99]라고 말했다.

하지만 사실, 수업의 목적 자체가 이런 경험을 선사하는 데 있었다. 학생들의 습관을 바꾸고, 잘 모르는 것을 시도해보면서 조각을 재창조하도록 유도했다. 일부는 조소 심화과정의 압박감으로 마음에 "금이 가거나" "무너져 내리"기도 했다. 어떤 학생은 수업이 "외부인을 받지 않는 사업소" 마냥 "퇴화"했다면서 "엄격한 카로-그린버그 양식을 벗어난 모든 일반적인 예술 관련 문제에 대해 건전하게 토론도 하지 못하고 입을 닫고 있어야 한다"[100]라고 불평했다. 하지만 돌로로사는 이런 학생과 다르게 지적으로나 미적으로 그 재능을 꽃피웠다. 시간이 흐른 후 돌로로사는 과거를 되돌아보며 세인트마틴 대학에서 공부한 것은 행운이었다고 말했다. "(거기서) 공부하지 않았으면 오늘날의 나는 없었을지 모른다."[101]

1980년대 초 전후로 세인트마틴 대학 조소과 강사들이 예술과 정치를 분리하며 전자를 더 중시해야 한다고 강조했다는 점에 주목하자. 아버지와도 같았던 앤서니 카로는 1979년 피터 풀러와의 인터뷰에서 다음과 같이 말했다.

> 나의 소임은 최고의 조각을 보여주는 것이다. 그렇게 함으로써… 조각에 생명을 불어넣고 예술에 박차를 가해 앞으로 나아갈 수 있다. 내 임무는 순수한 기쁨을 느끼며, 감정과 소통하며, 잠시나마 작품을 보는 사람의 경험을 풍부하게 해주는 예술을 하는 것이다… 그 이상을 바라면 안 된다. 세상의 부조리를 바꾸리라 기대하면 안 된다. 예술 속 나는 절대적으로 그런 문제에 대해 고려하거나 그런 문제를 다루지 않는다.[102]

대다수 다른 이들은 물론, 가장 촉망 받았던 학생이자 1980년대 초 세인트마틴 대학에서 많은 학생이 필수적으로 읽었던 『조소의 언어』를 집필한 조각가 윌리엄 터커도 카로의 이런 태도를 지지했다. 터커는 한발 더 나아가 지적 변화를 이끌어낼 수 있는 조각의 힘을 대단치 않게 이야기했다.

> 개인적으로 그건 지나치게 낙관적인 희망이라 생각한다… 조각이라는 이름의 저항으로 사람들의 마음이나 주변에 대한 태도를 바꿀 수 있다고 믿지 않으며 가능하더라도 아주 미미한 수준일 것이다. 또한 그게 조각가의 주된 역할은 아니라고 확신한다.[103]

세인트마틴의 조소과 강사가 정치에 무관심한 태도를 취했다는 점을 감안한다면 돌로로사가 정치적 운동에 어떻게 처음 발을 들이게 되었는지를 이해하긴 쉽지 않다. 이를 알기 위해서는 다른 부분을 살펴볼 필요가 있다. 1981년, 마거릿 대처가 영국 수상으로 즉위한 지 2년이 지난 시점에서 영국 정부는 고등교육에 대한 정부 예산을 10퍼센트 삭감한다. 세인트마틴 대학 학생회는 이에 대한 대책을 논의하는 정치토론회를 열었고 런던 거리에서 반대집회를 열었다. 학생회 회장과 가까웠던 돌로로사는 그의 권유로 이 모든 활동에 참여하기 시작한다.

어느 토론회에서 사람들과 이야기를 나누며 돌로로사는 이전까지는 몰랐던 사회주의를 접하게 되었으며, 대체 왜 영국 시민이 왕족을 먹여 살리기 위해 세금을 내야 하는지를 비롯하여[104] 영국 정치와 관련된 여러 문제에 눈을 뜨게 된다. 하지만 돌로로사가 이렇게 영국의 현대 정치에 참여했다고 해서 그에게 어떤 예술적 변화가 생기진 않았다는 점은 분명하다. 돌로로사의 마음을 좌파적 삶의 시각으로 일순간 바꿀 정도로 영향을 주지도 않았다. 그렇게 본다면 돌로로사가 영국에서 받은 교육은 예술적인 부분에 한정되며, 돌로로사가 배운 것은 세인트마틴의 조각 "실험실"에서 경험한 것이 거의 전부라고 평하는 것이 옳다.[105]

돌로로사는 1980년대 초 영국에서 유학하며 지적인 성장에 영향을 주는 사건을 여러 방면에서 경험했을 것이다. 하지만 중요한 점은 세인트마틴 대학에서 공부하면서 돌로로사가 현대 전문 조각가로 거듭났다는 점이다. 1983년 졸업할 때까지 돌로로사는 많은 새로운 것을 얻었지만, 잃은 것도 있었다. 예를 들어 한편으로는 헨리 무어의 영향권에서 완전히 벗어난 셈이었다. 다른 한편으로는 명망 있는 학교의 졸업증서를 얻었고 서양사에 대한 명확한 지식이 생겼으며, 작업의 철학에서 핵심이 된 "몸에서 나온 조각품" 프로젝트를 완성했고 예술 형태로서의 조소를 엄격하고 비판적으로 바라보게 되었으며, 단강鍛鋼과 용접 등 필요한 기량을 익혔다. 이 모든 요소가 모여 돌로로사는 전문 조각가, 그리고 조소 강사로서의 정체성을 형성했다.

> 세인트마틴에서 훈련을 받으며 더 지혜로워졌다. 그뿐만 아니라 자카르타 예술원IKJ에서 (인체)해부학 수업을 더 엄격하게 강의하게 됐다. 하지만 다섯 번째 강의가 끝났을 때 강도를 좀 낮춰야겠다고 마음먹었다.[106]

세인트마틴 대학에서 훈련을 받고 나서 완전히 자신을 탈바꿈하는 경험을 치른 덕택에 돌로로사는 후일 자카르타 예술원에서 조소과 강사를 겸임하게 된다.[107]

예술사적 관점에서 보면 돌로로사가 세인트마틴 대학에서 만들었던 학생 시절의 작품이 전혀 보존이 되지 않았다는 것은 안타깝다. 조소과에서 열린 "비판 토론회"에서 장점과 한계점을 토론하고 나면 작품은 모두 버려졌기 때문이다.[108] 다행인 것은 돌로로사가 최근 자신의 학생 시절 작품이 담긴 슬라이드를 발견했으며, 지금은 그것을 호환 가능한 파일 형태로 변환 중에 있다는 점이다.

세인트마틴 대학에서 대학원 생활을 하는 동안 돌로로사는 다른 나라에서 짧은 기간 공부하기도 했다. 1982년 코르나리자 Kornarija(당시 유고슬라비아, 현재 크로아티아의 소도시)에서 열린 국제 대리석 조소 여름학교 International Summer School of Marble Sculpture는 물론, 미국 플로리다 링글링 예술학교 Ringling School of Art에서 폴리스티렌 모델링 인턴 프로그램에 참가하기도 했다.[109]

베를린 노이에바헤 추모관에 전시된, 캐테 콜비츠의 「죽은 아들을 안은 어머니」

DOLOR
SINAG
3

예술적 성숙기 및
정치적 참여

1983
1998

2019년 10월 인도네시아 자카르타에서 벌어진 대학생들의 연합 시위

Years of Artistic Maturity and Political Activism

자카르타, 1983~1998: 신질서 시대의 예술

(돌로로사가 영국에서의 공부를 완전히 마치고 인도네시아로 돌아온 해인) 1983년에서부터 (신질서 정치체제가 마침내 무너진 해인) 1998년까지, 돌로로사의 삶과 예술은 첫 번째 성숙기를 지나고 있었다. 변해가는 자카르카의 사회상과 이에 대한 돌로로사의 행동이 함께 어우러진 결과였다. 이 시기 동안 자카르타는 인구학적·경제적·문화적으로 대변혁을 겪고 있었다. 등록 거주인구 수가 1980년 650만에서 1995년 900만 이상으로 치솟으면서[1] 세계 10대 인구 밀집지역이 되었다.

자카르타는 국제자본주의 "체계" 속으로 빠르게 편입되었다. 이를 증명하듯 당시 자카르타의 외국인 직접투자액은

1967~79년에 12억 달러 규모에서 1997년 205억 달러로 뛰었다.[2] 그 결과 여러 변화와 더불어 국제자본주의 체계 속으로 들어간 자카르타 경제는 1973년에서 1990년까지 연평균 5.9퍼센트 성장했다.[3] 자카르타의 두 가지 경제동력인 지방정부와 그 속에서 자란 기업가 계층은 전례 없는 호황을 누렸다. 1979~80년에서 1990~91년 사이 자카르타의 수입은 인도네시아 루피아 기준으로 1,410억에서 8,980억까지 늘었으며, 지출은 1,260억에서 7,840억으로 늘었다.[4] 동시에 중견기업과 대기업의 숫자도 1984년 1,357개에서 1991년 2,000개 이상으로 증가했다.[5]

1990~95년 당시 자카르타 부르주아의 활발한 경제활동을 증명하듯 잘란 탐린Jalan Thamrin, 잘란 수디르만Jalan Sudirman 상업 중심가에는 30층 높이의 상업용 건물이 들어섰다.[6] 전반적으로 자카르타의 중산층은 많은 부를 누렸으며, 1970년대 말에는 20만 대에 불과했던 자동차 등록 대수도 1995년 100만 대로 늘었다.[7] 무엇보다도 현대 예술가의 관점에서 자카르타의 부르주아가 이렇게 성장한다는 것은 예술을 생필품, 미적 즐거움의 대상, 사회적 지위의 상징으로 소비하는 시장이 등장함을 의미했다. 또한 상, 트로피, 기념품은 물론 집이나 사무용 건물의 인테리어 디자인까지 다양한 응용예술을 구매할 수 있는 좋은 시장이 형성되고 있음을 뜻했다.

신질서 정부가 자카르타 중산층의 문화적 표출을 "길들이

려"했음에도 중산층 문화종사자는 그런 와중에서도 높은 수준의 창의성과 역동성을 발휘했다.[8] 이렇게 성장한 자카르타 중산층은 서구의 주도로 형성된 세계문화의 "에큐메네ecumene"(영토) 속으로 들어갔고, 이 토대에서 오디오 카세트, 비디오 테이프, CD, VCD, DVD, 소설, 그래픽노블, 서적·교과서, 정기간행물부터 통신위성, 라디오, 텔레비전, 사진기 등 기존의 미디어와 새롭게 등장한 미디어 기술을 통해 중산층이 만들어낸 상품이 더 광범위하게 유통되었다.

여기서 중요한 것은 앞서 언급한 인구학적·경제적·문화적 발전에는 정치적 대가가 따랐다는 점이다. 즉 (1997~98년 경제위기 발발 전까지) 자카르타 중산층의 다수가 정치의 안정을 위해서 신질서 체제의, 실리라는 명분으로 무장한 권의주의적·온정주의적 태도를 기꺼이 용인했던 것이다.

1980년대 초에서 1990년대 말까지 자카르타에서 일어난 변혁이 선사한 기회를 이용하여 돌로로사는 주변의 자원을 잘 끌어모아 작품동 생산을 위한 탄탄한 기반을 마련했고, 조각가와 예술강사를 겸업할 수 있는 자리를 확보했다. 1983년 돌로로사는, 그 두 해 전에 자카르타 예술교육원 LPKJ이라는 본래 이름을 버리고 자카르타 예술원 Institut Kesenian Jakarta이라는 이름으로 재단장한 학교로 돌아가 강사 자리를 맡게 되었다. 돌로로사는 예술원에서 인체해부학, 인물화, 예술사, 조소 등을 가르쳤다.[9]

앤서니 카로와 마찬가지로 돌로로사는 수업에서 매일매일 학생과 상호작용을 주고 받으며 예술적 여정을 헤쳐나가는 학생들에게 끊임없는 자극이 되어주었다. 1987년부터 1994년까지는 예술원 예술디자인 학부의 학사를 담당하는 부학과장으로 일했으며, 이후 1994년부터 1997년까지는 학과장을 맡았다. 돌로로사는 예술원을 인도네시아 최고의 예술학교로 만들겠다는 포부를 갖고 있었다.[10]

돌로로사는 끊임없이 조소 공부를 이어갔다. 1985년 돌로로사는 미국에서 두 번의 인턴 프로그램을 거친다. 소노마 주립대 Sonoma State University 미술 학부에서 사형沙型주조 과정을 공부했으며, 캘리포니아 버클리에 있는 피에로 무시 아트워크 파운드리 Piero Mussi's Artworks Foundry에서 최신 청동주물 공정을 배웠다. 특히 이 청동주물 수업은 돌로로사에게 하나의 전환점을 마련하는 계기가 되었으며, 그는 이후 청동을 소재로 조각을 하게 되었다.[11] 이 전환점을 보여주는 작품이 피에로 무시 아트워크 파운드리에서 공부하는 동안 제작했던 돌로로사의 첫 청동 작품「동쪽에서 부는 거친 파도 Wild Wave from the East」[Figure 3] 다.[12] 그 뒤 1987년부터 1990년까지는 샌프란시스코 예술원에서 라이프 캐스팅 life casting에 대해 배웠고, 메릴랜드 대학에서는 착색 patination, 주조공장 구조에 대한 단기 과정을 듣기도 했다.[13]

Figure 3 돌로로사 시나가, 「동쪽에서 부는 거친 파도」, 1985

1985년에는 인도네시아 동부 자바 모조커르토Mojokerto의 트로울란Trowulan 지역에서 가장 오래된 전통의 청동주조 공장을 운영하던 사바르Sabar(1912~96)와 그의 아들인 하리아디 수로소Hariadi Suroso(1957~)를 만나게 되었다. 그들의 만남은 그 이후로도 오래 지속되어 서로의 힘이 되어줄 협업의 기반이 되었다. 2차대전이 일어나기 얼마 전, 사바르는 건축학자이자 고고학자였던 헨리 맥클레인 폰트Henri Maclaine Pont(1884~1971)로부터 납형蠟型법을 이용한 청동주조 기술을 배운다.[14] 첫 번째 만남이 있던 1985년 돌로로사는 포드 재단의 지원을 토대로, 사바르와 수로소를 도와 베지종Bejijong 마을에 있는 두 부자의 주조 공장의 재건을 돕게 된다.[15] 또한 두 부자의 주조 및 착색 기술을 한 단계 더 끌어올릴 수 있도록 도왔다.[16] 오늘날까지도 돌로로사는 스스로 "두 번째 집"이라고 부르는 이 수로소의 주조 공장에서 청동작품을 제작하고 있다.

1987년 마침내 돌로로사는 동부 자카르타 피낭 란티Pinang Ranti에 개인 작업실을 열게 된다. 앞서 소개한 것처럼, 그는 작업실의 이름을 소말라잉 파르데데[17]에게서 따왔다. 소말라잉은 1889년 바탁 지역을 탐험하던 이탈리아 동식물 연구가 엘리오 모디글리아니의 안내인이었고, 또한 전통요법사이자 종교인 구루〔영적인 지도자〕이기도 했다. 돌로로사는 이 사람이야말로 "서구의 지적 세계에 처음으로 노출되었던 바탁 가문 인물"이며 서구식 근대성을 접한 이라고 여겼다.[18] 소말라잉 아트 스튜디오를 엶으로써, 돌로로사는 지난 몇 년 동안 작품 생산을 어렵게 했던 여러 난관 중 하나를 성공적으로 제거한 셈이었다.

1983년부터 돌로로사는 아르주나 후타갈룽과 더욱 끈끈한 동반자 관계를 맺게 되었고 결국 1996년 결혼에 이르게 된다. 돌로로사에게 아르주나는 가장 중요한 감정적·지적·사회적 지지자였다.[19] 1980년대 말(혹은 1990년대 초)에는 아르주나 덕분에 주바르 아줍 Joebaar Ajoeb(1926~96), 작가 프라무디아 아난타 투르 Pramoedya Ananta Toer(1925~2006), 기자 우이 헤이 준 Oey Hay Djoen(1929~2008) 등 인도네시아 좌파 지식인이 모인 "1945 세대"의 생존자들과 만나 그들과 친구가 되었다. 돌로로사는 이 인물들을 (특히 아줍을) 비롯하여 당대 좌파 시각예술가로 활동했던 셈사르 시아한 Semsar Siahaan(1952~2005) 등과 서로 지적인 교류 및 친분을 나누면서 1990년대 중반부터 사회 문제를 다루는 예술을 지지하게 되었다.[20]

이렇게 좌파 쪽으로 이데올로기의 방향을 잡게 되자 삶과 직업에도 중대한 변화가 찾아왔다. (아래에서 설명하겠지만) 1990년대 이후 돌로로사의 조각을 보면 이러한 변화가 확연히 나타난다.

1970년대 후반이 되면서 좌파 성향의 인도네시아 지식인들이 감옥에서 풀려났다. 이들의 고통스럽고도 어려웠던 사회로의 복귀 과정은 중요한 사회적 사건으로 자리잡았으며, 1990년대 중반 이후 돌로로사의 작품에서 나타나는 변화에도 큰 영향을 미쳤다. 이제부터는 그 변화에 대해 기술해보려 한다.

신질서 시대 아래에서 탄생한
돌로로사의 작품과 활동

1980년대 돌로로사의 조각을 연구하다 보면 누구나 마주치는 큰 난관이 있다. 바로 이를 제대로 기술한 자료가 없다는 점이다. 그렇기 때문에 이 시절에 만들어진 돌로로사의 작품을 비평한 글을 보면 그 근거가 불충분한 경우가 많고 그러므로 이 비평들은 적당히 가감해서 받아들일 필요가 있다. 예술사학자 헤이디 아버클Heidi Arbuckle은 1980년대 중반 돌로로사의 작품에서 "여성성이 드러나는" 단계가 나타난다고 주장했다.[21] 이 주장의 맹점은 그 근거로서 항상 언급되는 작품이「동쪽에서 부는 거친 파도 Wild Wave from the East」(1985년작)[Figure 3]뿐이라는 점이다. 물론 이 작품이 돌로로사의 첫 청동작품이라는 역사적 중요성이 있는 것은 사실이나 돌로로사가 1980년대에 만들었던 유일한 작품은 아니다. 최근 발표된 돌로로사의 당시 청동작품들의 사진을 보면 다른 결론을 내야 할지도 모른다.[Figure 4] 이 조각들을 보면 (아버클의 주장의 일부는 옳을 수도 있으나) 돌로로사는 그 당시 "진정한 페미니스트로서 자아를 탐색"하고, "남성성이 진한 조소계에서 자신의 위치를 협상"[22]하는 데만 몰두하지 않았다. (치트라 스마라 데위Citra Smara Dewi가 말한 것처럼) 자연, 문화, 일상만을 주로 다룬 것도 아니다. 주목해야 할 점은 이 조각들이 "몸에서 작품을" 만든다는 세인트마틴 대학의 전통이 가진 목표와 고집, "전략"과 표현양식에 꼭 들어맞는다는 점이다.

이 1980년대 청동작품들을 보면 인체에서 조각을 만들어내는 세인트마틴 대학의 전통에 돌로로사가 얼마나 의지하고, 또 이에 기여하고 있는지를 알 수 있다. 당시의 작품을 로버트 퍼시Robert Persey가 1958년 만든 청동작품, 캐서린 길리의 최근 철제 조각품 등 다른 세인트마틴 대학 졸업생 작품과 비교하면 이런 앵글로-인도네시아의 접점이 더욱 명확해진다. 이 접점에 착안하며 근대 "영국의 조소 에큐메네"로 불리는 공간 속에서 여러 국가의 예술이 만났던 과거를 들여다보면 돌로로사의 삶과 예술을 더 잘 이해할 수 있다. 바로 이 점이, 당대 인도네시아 예술가들에게 현대화가 미친 영향 중 하나다. 결국 돌로로사는 자기만의 방식으로 어느 정도 인도네시아 예술세계에 몸을 담고 있었으며 앞서 언급한 세계적 조소 에큐메네에도 참여했던 것이다. 그러나 오늘날 인도네시아 예술사는 민족국가 위주로 지나치게 치우친 시각에서 벗어나지 못하면서, 인도네

Figure 4 돌로로사 시나가, 여러 가지 청동조각, 1980년대

1

1.「사모트라케의 날개」, 1988
2.「아르제 댄스」, 1988
3.「리듬 연구」, 1988

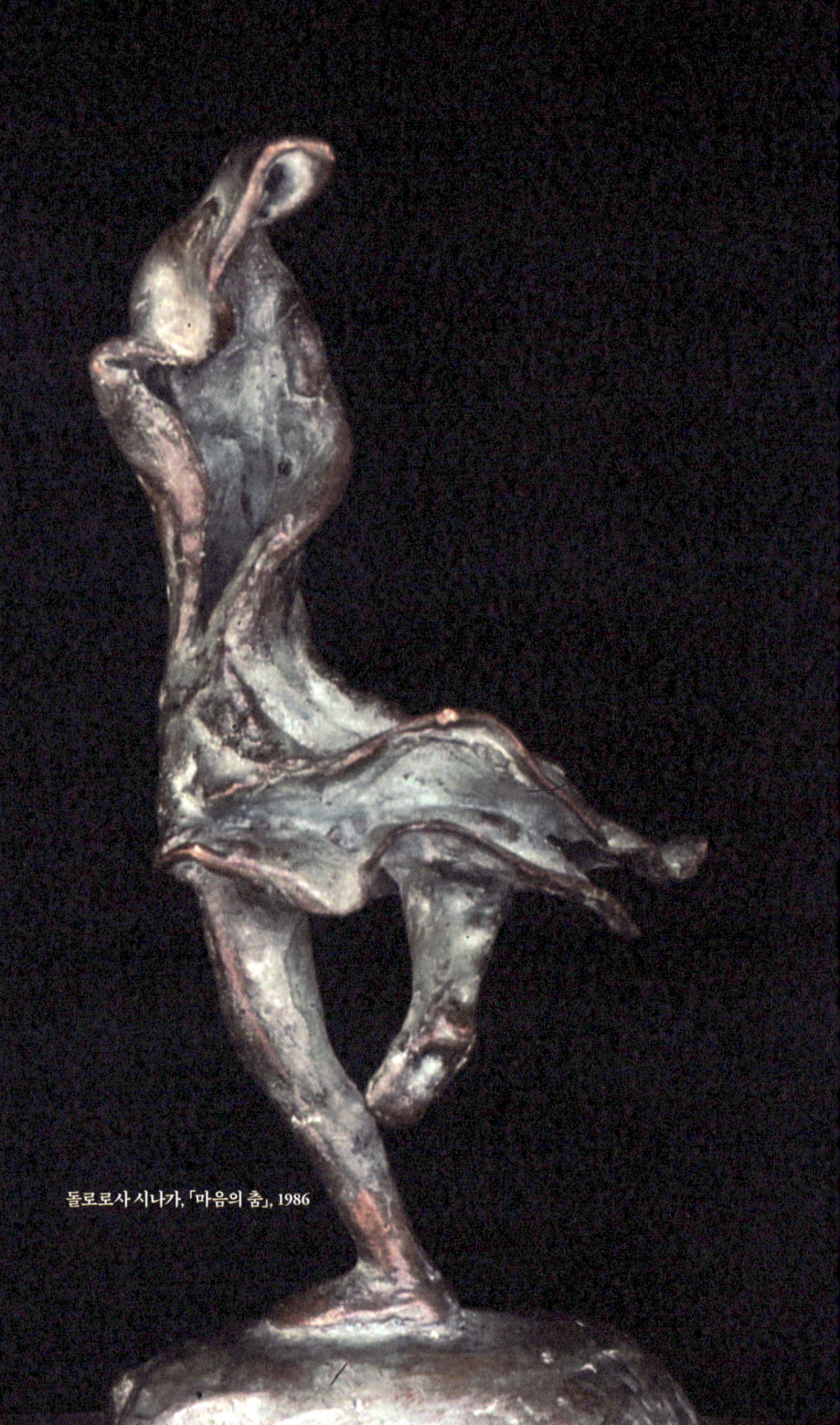

돌로로사 시나가, 「마음의 춤」, 1986

돌로로사는 그 당시 "진정한 페미니스트로서 자아를 탐색"하고, "남성성이 진한 조소계에서 자신의 위치를 협상"하는 데만 몰두하지 않았다. 자연, 문화, 일상만을 주로 다룬 것도 아니다. 주목해야 할 점은 이 조각들이 "몸에서 작품을" 만든다는 세인트마틴 대학의 전통이 가진 목표와 고집, "전략"과 표현양식에 꼭 들어맞는다는 점이다.

시아 예술가가 세계 속으로 뻗어나갔다는 사실을 가리게 되었고, 이런 에큐메네에 참여했던 사실을 제대로 읽어내지 못하고 있다.

  1980년대에 걸쳐 돌로로사는 테이블 위에 올려놓을 만한 크기의 작품뿐만 아니라 처음으로 대형작품을 제작했다. 1987년 동남아국가연합ASEAN 창설 20주년을 기념하며 그는 「화합의 문 Gate of Harmony」을 만들었다. 이 작품은 현재 말레이시아 쿠알라룸푸르 아세안 조각정원에 놓여 있다.[Figure 5]

  친교, 대화 촉진, 이해, 합의 등으로 대표되는 바탁 가문의 전통에 영감을 받은 「화합의 문」은 아세안 회원국 간의 통합과 협력에 대한 희망을 상징한다.[23] 즉, 돌로로사에게 현대성이란 바탁 가문의 전통을 재생성하는 수준이 아니었다. 전통의 "기능 이전 trans-functionalization"을 통해 오늘을 살고 있는 사람들이 마주하고 있는 도전과제를 해결하고자 하는 개념이었다. 이 옥외 조각을 보더라도 돌로로사는 자신의 바탁 전통을 조각적 언어로 전환하여 인도네시아를 포함한 동남아 전역의 평화를 외쳤음을 알 수 있다. 잊지 말아야 할 점은 이러한 태도가 수카르노 대통령 시절 말기에 나타난 민족통일주의나 대립주의적 태도와 대조되는 신질서 정통주의에 녹아 있는 국제관계의 요소와 맞닿아 있다는 점이다.

  1990년대 돌로로사의 삶과 작품을 정립한 글은 어느 정도 있

Figure 5 돌로로사 시나가, 「화합의 문」

는 편이다. 1980년대가 돌로로사가 예술가와 예술강사로서 자신의 기반을 닦았던 시기라면, 1990년대는 조각가로서 "목소리"를 내고 인도네시아 예술세계에 자신의 영역을 새겨가면서 이후의 삶을 바꿔놓을 정치적 자각을 경험한 시기라 할 수 있다. 또한 되돌아보면 이 시기에 점차 작품활동에 가속도를 냈기 때문에 1998년 신질서 몰락 이후 창의성을 분출할 수 있는 고점에 다다를 수 있었던 것이다.

신질서 체제 마지막 10년 동안 돌로로사는 마술(「풀룽사리Pulungsari」, 1990) [Figure 6]부터 신비(「자각으로 향하는 문Door to Perception」, 1995), 철학(「고도를 기다리며Waiting for Godot」, 1997), 사회(「벽을 칠하다Mengecat Dinding」, 1997, 「오늘의 우리를 위한 주제: 위기Theme for Us Today: The Crisis」, 1998), 정치(「비극적 경향Tragic Tendency」, 1994, 「여성저항운동가Resistante」, 1994, 「여성과 벽 1Perempuan dan Tembok I」, 1996)까지 다양한 주제를 넘나들었다.

돌로로사의 작품에서 정치적 모티브가 등장했다는 것은 신질서 체제가 권위주의를 통해 경제 근대화를 이루면서 나타난 일련의 사태가 그에게 영향을 끼쳤음을 보여준다. 돌로로사는 페미니스트들, 좌파 성향 친구들과 이야기를 나누면서 이러한 사태에 대한 의미를 곱씹었다. 그중 하나가 1994년 자카르타 3대 일간지(『템포Tempo』, 『에디터Editor』, 『데틱DeTik』) 발간 금지 사태였다. 이때 발간금지에 항의하는 시위에 돌로로사의 예술가 친구

Figure 6 돌로로사 시나가, 「풀룽사리」, 1990

Figure 7 돌로로사 시나가, 「66세대의 정신」, 1996

인 셈사르 시아한이 참가했다가 기동대의 손에 전신이 멍이 들었다.[24] 1996년 7월 27일에는 정부군이 인도네시아 공산당의 본부를 습격하면서 5명이 죽고, 149명이 부상을 입었으며, 23명이 실종되었다.[25]

　이러한 이유로 돌로로사는 1990년대에 사회를 대하는 태도를 바꾸었다. 예술은 예술로 남아야 한다는 생각에서 예술이 사회적으로 개입해야 한다는 쪽으로 선회한 것이다. 그러나 분명 돌로로사가 좌파 성향으로 기우는 와중에도, 신질서 사회 내부에 속해서 신질서에 저항해왔다는 점은 중요한 사실이다. 지도 엘리트층이 정치적으로 너무 지나쳤다고 비판하면서도 신질서 반대운동의 목표를 추구하기 위해(동티모르 독립을 외치는 학생운동가를 지지하는 등) 필요한 자원을 모으려는 목적으로 신질서에 속하는 일부와 끊임없이 협업을 시도했다. 1997년 수하르토 대통령의 비위를 맞추려고 (전 1966세대 신질서 학생운동가였던) 사업가 친구가 부탁해서 만들어준 기념물인 「66세대의 정신 Spirit of '66」 [Figure 7][26]도 이런 맥락에서 보면 놀라운 작업이 아니다.

　이런 현상을 보면 인도네시아 경제 근대화가 성공하여 부르주아가 많아졌음에도 그 과정에서 신질서 체제가 자신도 모르게 위기 속으로 걸어가고 있었음을 알 수 있다. 돌로로사 아버지의 민간보험사가 교도 민주주의하에서 번영하는 걸 상상하기 어려웠듯이, 돌로로사가 신질서 시절 누렸던 상업적 성공을 모든 인도네시아 현대 조각가가 누릴 수 있었을 것이라 상상하기 어렵다. 예술에 투자할 최소한의 가처분 소득, 혹은 적어도 예술을 감상할 수 있는 지적·미적 수준이 되는 부르주아 계층의 일부가 처음 나타난 것이 신질서 시기였기 때문이다.

 돌로로사는 몸으로부터 조각을 창조한다는 원칙을 고수하면서도 이제 이를 자기식으로 해석하고자 했다. 1990년대에 들어서자 돌로로사는 추상에서 벗어나 형태를 살피기 시작했다. 1980년대 청동작품[Figure 4]을 1994년작 「춤추는 마음 Mind Dancing」, 「경계에서 Ambang Batas」, 「비극적 경향 Tragic Tendency」[Figure 8]과 비교해보자. 이런 형태로의 선회를 보면 추상적 조각의 언어에 익숙하지 않은 더 많은 대중과 소통하려는 시도를 엿볼 수 있다. 그러면서도 돌로로사는 예술적 기준을 유지하면서 자신의 작품을 "지나치게 단순화"하려는 충동을 억제했다.

 돌로로사를 가리켜 "미학과 정치를 섬세하고 균형 있게 조합할 수 있는 몇 안 되는 예술가"[27]라고 주장했던 미술사가 헤이디 아버클의 분석은 옳았다. 돌로로사가 1990년대에 제작한 작품 대부분은 신질서 체제하에서 벌어진 인권유린에 대한 비판의 메시지를 전달함과 동시에 다양한 주제를 다루었다. 돌로로사는 여러 소재를 실험하고 다양한 조각 양식을 시도했으며, (자코메티, 콜비츠, 뭉크 Edvard Munch 등) 다른 시각예술가 작품의 요

Figure 8 돌로로사 시나가, 「비극적 경향」, 1994

돌로로사는 1990년대에
사회를 대하는 태도를 바꾸었다.
예술은 예술로 남아야 한다는 생각에서
예술이 사회적으로 개입해야 한다는 쪽으로
선회한 것이다. 그러나 분명 돌로로사가
좌파 성향으로 기우는 와중에도,
신질서 사회 내부에 속해서
신질서에 저항해왔다는 점은 중요한 사실이다.

소를 차용하거나 그에 대한 대답을 제시하는 등 더 높은 단계의 조각을 완성하기 위해 스스로를 채찍질했다.

1998년 인도네시아는 심각한 경제위기, 학생활동가 납치 및 실종, (자카르타 내 100명 이상의 화교가 강간당했던) 1998년 5월 폭동 등[28] 여러 비극이 이어지면서 격렬한 정권교체 시기를 지나고 있었다. 이런 사태를 지켜본 돌로로사는 도덕적으로 용납하기 어려운 충격을 받아 한 차례 큰 비탄과 분노의 시간을 보냈다. 그 뒤 이 같은 자신의 감정을 예술적 창의력으로 분출시켜 「폭력에 저항하며 2 Lawan Kekerasan II」[Figure 9], 「오늘의 우리를 위한 주제: 위기 Theme for Us Today: The Crisis」[Figure 10]를 제작했다.

「오늘의 우리를 위한 주제: 위기」는 1998년 베트남 후에에서 열린 제2차 국제조각심포지엄에서 공개되었다. 사실 1990년대 초부터 돌로로사는 조각을 통해 가부장적 사회의 무게를 견디며 여러 어려움과 마주쳐야만 하는 인도네시아 여성의 삶(1994년작 「비극적 경향 Tragic Tendency」[Figure 8]이 그 예 중 하나다) 등 "뾰족한 해답을 찾기 어려운 사회 문제" 그리고 "희망이 없다고" 느껴지는 "상황"을 예술적으로 풀어냈다.[29]

돌로로사에게 예술의 어머니와도 같았던 케테 콜비츠([Figure 11]을 보면 콜비츠의 영향이 남아 있다)[30]가 죽음과 오랜 대화를 나누는 듯한 경향을 보인 반면, 돌로로사는 1998년의 상황 같은 어두운 환경 속에서도 '생의 약동 élan vital'을 계속해서 작품에 담아냈다. 「두 무용수 Two Dancers」(1997), 「기쁨의 춤 Dance of Joy」(2000) 같은 조각에는 생명력에 대한 그의 흔들리지 않는 신념이 녹아 있다. 콜비츠와 더욱 강렬한 "대화"를 하기 위해 돌로로사는 베를린을 방문할 때마다 케테 콜비츠 박물관에 들러 자신의 작품을 되돌아보는 시간을 가졌다.

1980년대 후반부터, 돌로로사가 꿈꾸는 '생의 약동'이 여러 사회적·인도주의적 활동으로도 터져 나오기 시작했다는 점에 주목하자. 1989년에는 레이 사헤타피 Ray Sahetapy(1957~), 데위 율 Dewi Yull(1961~) 등 예술가 친구들 및 약혼자 아르주나와 함께 온초르 스튜디오 Oncor Studio에서 활동하며 많은 이들과 예술행위와 토론을 벌임으로써 인도네시아의 현대 문화를 비판적으로 탐구하려 했다.[31] 1998년에는 동부 자카르타에 있는 자택을 '인류를 위한 자원봉사단 Volunteers Team for Humanity'의 본부로 삼아, 그해 5월 폭동의 잔학함을 기록으로 남기고 피해자들에게 도움을 제공했다.[32]

1999년 2월부터 2008년 중순까지 돌로로사와 아르주나는 문화사업 네트워크 Jaringan Kerja Budaya와 공동으로 '달빛 토론회 Moonlight Discussion'를 주최하여 여러 배경을 가진 이들과 세계화, 박물관학, 러시아 구성주의, 여성인권, 대중문화 속 체 게바라, 1965~66년 대학살, 사파티스타 운동, 인도네시아 현대문화, 대도시 속 공공장소 등 다양한 주제에 대해 자유롭게 이

Figure 9 돌로로사 시나가, 「폭력에 저항하며 2」, 1999

돌로로사에게
예술의 어머니와도 같았던
케테 콜비츠가 죽음과 오랜 대화를
나누는 듯한 경향을 보인 반면,
돌로로사는 1998년의 상황 같은
어두운 환경 속에서도
생의 약동을 계속해서
작품에 담아냈다.

야기를 나눴다.[33] 돌로로사는 이런 지적·사회적 만남 덕분에 1990년대 중반에 걸쳐 사회와 정의에 관한 많은 주제를 다룰 수 있었다.

돌로로사의 인도주의적·사회적 활동이 예술가로서의 성숙기를 형성하는 데 지대한 영향을 미쳤다는 것은 거듭 강조할 만하다. 이러한 요소를 간과한다면 1998~99년에 돌로로사가 어떤 이유로 (스스로에게 이런 수식어가 붙는 것을 거부했음에도) 페미니스트적인 쪽으로 방향을 틀었는지 설명하기 어렵다. 돌로로사는 한때 이렇게 말했다.

> 결국 이렇게 활동가를 만나면서 서로 친구가 되었다. 이 친구들과 만나면서 스스로의 정치적 입장을 정립했고, 이처럼 친구를 통해 관심을 가진 여러 문제에 대해 현실적인 무언가를 해야 한다는 생각이 들었다. 그 결과 정의가 내 삶의 핵심 가치 중 하나가 되었다.[34]

이제, 1998년의 폭력적인 정권교체에 대해 돌로로사가 어떤 작품으로 대항했는지, 그리고 그런 문제를 놓고 어떤 활동을 전개했는지 알아보자.

Figure 10 돌로로사 시나가, 「오늘의 우리를 위한 주제: 위기」, 1998

Figure 11 돌로로사 시나가, 「여성저항운동가」, 1995

자카르타, 1998~ : 신질서 시대 이후

　1998년 이후 돌로로사의 작품을 보면, 인도네시아에서 예술을 즐기는 사람이라면 익숙히 알 만한 작품이 등장한다. 이때에 이르러서야 신질서 시대 이후가 그에겐 작품 생산 면에서 가장 성공적인 시기라는 점이 분명해졌다. 2001년 그는 첫 단독 전시회를 열었으며 이후에도 네 번 이상의 전시회를 더 개최했다. 그의 작품 중에서 가장 널리 알려지고 비평가로부터 극찬을 받은 것들이 탄생한 것도 신질서 이후의 일이다. 그중 대표적인 예가 청동으로 만든 「연대 3 Solidarity III」 [Figure 12]이다. 비평가 존 루사 John Roosa와 알릿 암바라 Alit Ambara가 말하듯 이 작품은 돌로로사가 1998년 "경제위기 속 우윳값 폭등을 항의하며 거리로 줄 지어 나온 여성"이라는 특정 대상을 상정하며 제작한 작품(즉, 체제의 변화에 대한 돌로로사의 대응)임에도, 예를 들어 인도 봄베이(현 뭄바이)나 칠레 산티아고 출신 관람객이라면 누구나 이 청동조각이 말하려는 내용에 쉽게 공감하게 된다.[35]

　루사와 암바라는 이런 정치적 메시지 외에도 내재(깊이 뿌리내린 여성들의 발)와 초월(하늘을 향해 든, 어느 여성의 손)이 서로 힘겨루기를 하는 듯한 기분을 전해주는 이 조각의 예술적 힘에 크게 감탄했다.[36] 인도네시아 여성폭력 국가위원회 활동가들 역시 이 작품을 무척 아꼈고 2008년 자신들이 펴내는 발간물의

Figure 12 돌로로사 시나가, 「연대 3」, 2000

"결국 이렇게 활동가를 만나면서 서로 친구가 되었다. 이 친구들과 만나면서 스스로의 정치적 입장을 정립했고, 이처럼 친구를 통해 관심을 가진 여러 문제에 대해 현실적인 무언가를 해야 한다는 생각이 들었다. 그 결과 정의가 내 삶의 핵심 가치 중 하나가 되었다."

돌로로사 시나가, 「앞으로 II」, 2001

Figure 13 돌로로사 시나가, 「이모들…이모들」, 1995

돌로로사 시나가, 「조용한 외침」, 2006

돌로로사 시나가, 「달빛 춤」, 2008

표지로 사용하기도 했다.[37]

　돌로로사가 지닌 비상한 재능 중 하나가 바로, 보는 사람에 따라 해석이 달라질 수 있는 조각을 만드는 능력이다. 2003년에 만든 청동조각 「이모들…이모들Namboru…Namboru」 [Figure 13]을 한번 살펴보자. 어떤 이는 이를 두고 돌로로사가 해방된 현대 인도네시아 여성을 그렸다고 말하고, 어떤 이는 신질서 시대 이후 경제적으로 번성한 일부 인도네시아 여성의 물질적 피상성을 비판적으로 논한 작품이라 평한다. 필자 개인의 생각으로는 돌로로사가 이 작품을 제작하기 위해 자신의 조소적 재능을 발휘했음은 물론, 스스로가 자카르타의 내부인으로서 "국가가 만들어준 부르주아" 계층, 모순과 양가감정으로 얽힌 계층의 일부로 살며 깨달은 사실을 작품에 담았다는 사실이 작품의 매력을 더해준다.

　오늘날에도 여전히 돌로로사는 몸에서 조각을 만들어내는 전통을 성실히 따르고 있지만 그 방식이 과거와는 달라졌다. 세인트마틴 대학을 졸업한 후 추상의 길을 걸어간 영국 조각가 캐서린 길리의 최근 작품과는 대조적으로, 돌로로사는 신질서 체제가 무너진 이후 조형미술 쪽으로 크게 선회했다. 대학살, 자연재해, 성평등, 모아상호작용 Mother-and-child interaction, 교육의 힘, 민주주의를 향한 몸부림, 정의를 향한 탐색, 관용에 대한 지지 등에서부터 춤의 즐거움까지, 신질서 시대 이후 나타난 인도네시아의 주요 사회 문제에 대해 더 많은 대중과 조각을 통

돌로로사 시나가, 「1965년 인도네시아 학살 약사」, 2015

돌로로사는 예술과 언론을 넘나들며 사람들의 기대감을 계속해서 자극해왔다. 1965~66년 대학살 같은 민감한 주제를 여전히 다루며 사회활동을 벌이는 돌로로사를 보면서도 "중립"으로 남아 있기란 쉽지 않다.

해 대화를 나누기 위해서는 형태가 중요하다고 판단한 듯하다. 어쩌면 이런 소통방식 덕분에 활동가, 지식인, 언론인, 비평가, 수집가를 비롯하여 일반 대중까지 그를 사랑하는지 모른다.

사실 일반 대중이 돌로로사를 오랫동안 "잊고" 지내기란 쉽지 않다. 예술 세계(단독 혹은 합동 전시회)와 언론(정치활동에 관한 뉴스)을 통해 끊임없이 돌로로사, 그리고 그의 활동에 대한 소식이 들려오기 때문이다. 돌로로사는 예술과 언론을 넘나들며 사람들의 기대감을 계속해서 자극해왔다. 1965~66년 대학살 같은 민감한 주제를 여전히 다루며 사회활동을 벌이는 돌로로사를 보면서도 "중립"으로 남아 있기란 쉽지 않다. 그의 예술적 모험도 눈을 뗄 수 없게 만든다. 새로운 소재(플라스틱과 알루미늄 포일 등)를 실험하고, (직물 등을 이용해) 인체 내부에서 일어나는 일과 그 외부적 표현 사이의 상호작용에 대해 연구하며, 여성 무용수를 통해 주변 공간에 영향을 미치고, 주요 양자관계 속(특히 모아母兒 및 연인 관계)에서 탄생하는 여러 가능성, 위험, 취약성을 고민하며, 공동의 행동으로 사회 변화를 이룩할 수 있음을 시각적으로 주장하고, 인간이라면 누구나 휘말려들 수밖에 없는 줄다리기, 즉 국가, 사회, 자연의 위대한 구조적 힘과 주체적 인간의 전형 사이에서 벌어지는 줄다리기에 대한 조각적 "해석"을 지속하는 등 돌로로사의 예술적 여정은 끝이 없다. 사회학자도 이런 줄다리기에 대한 생각거리를 던져주긴 하지만

돌로로사 시나가, 「왜 아이들을 납치하셨습니까」, 2015

돌로로사는, 작품을 관찰하는 사람이 신질서 시대 동안, 그리고 그 이후 변해가는 사회에 속해 산다는 것이 어떤 것인지를 느끼게 해준다.

돌로로사 및 기타 현대 인도네시아 조각가: 비교와 연관성의 관점에서

이리안틴 카르나야(1950~), 야니 마리아니 사스트라너가라(1955~), 알체 울리 판자이탄(1958~)과 더불어 돌로로사는 인도네시아 여성 현대 전문 조각가 4세대에 속한다. 논란의 여지는 있지만 이 네 인물의 원형으로 거슬러 올라가면 트리조토 압둘라(1917~89)가 자리하고 있다. 제2세대에 속하는 사람은 독일 태생의 인도네시아 조각가 리타 비제만 비다그도 Rita Wizemann Widagdo(1936~) 한 명뿐이다. 1960년대 중반 리타는 반둥 공과대학 시각예술/디자인 학부에서 일흔여덟 명의 학생들에게 조각을 가르쳤다. 1970년대 초 리타의 가르침을 받은 여학생 에디스 라트나 시아기안(1946~)은 그 뒤에 자카르타 예술교육원 LPKJ에서 강사로 활동하며 첫 수업에서 네 명의 여학생을 만나는데, 그중 하나가 돌로로사였다.[38]

돌로로사는 자신의 선배 세대 및 동세대 예술가와 유사한 점도 있고, 다른 점도 있다.[39] 공통점을 보면 돌로로사는 자신만의 인도네시아 현대 조각을 만들기 위해 서구의 조각 전통을 받아들이고 이에 적응했다. 반면 헨리 무어 등의 영향으로 인해 추상적 형태를 구성하는 전통을 주로 엄격히 따랐던 비다도, 시아기안, 사스트라너가라와 다르게 돌로로사는 앤서니 카로, 윌리엄 터커, 팀 스콧, 앨런 구크 등 헨리 무어에 반기를 들었던 젊은 조각가 및 강사의 직간접적 영향을 받아 인도네시아 지식인의 다음 세대를 이루었다. 판자이탄과 마찬가지로 돌로로사는 인체를 조각적 표현양식의 중심으로 삼았지만 그 강도나 엄격함이 훨씬 더했다. 또한 판자이탄은 적어도 일부 작품을 통해 인체의 성적인 면을 강조하려 했지만, 돌로로사는 (루사와 암바라가 예리하게 파악해냈듯이) 인체를 마치 "부처 같은" 눈으로 바라보면서 "육체의… 욕구를 무시하며 육체를 초월하려 하지도, 육욕에 사로잡히지도 않았다".[40] 돌로로사에게 신체란 그 자체로 목적이 아닌, 조소의 "언어"였다. 이렇게 돌로로사는 자기식으로 전통과 외부 영향을 버무려 자신만의 현대 인도네시아 조각을 만든 것이다.

 대부분의 인도네시아 남성, 여성 전문 조각가와 다르게 돌로로사는 20년 이상 세 가지 영역(예술, 예술교육, 정치활동)을 합하여 시너지를 일으키면서도 어느 하나를 위해 다른 하나를 희생하지 않았다. 이런 점에서 그는 존경받을 만하다.

돌로로사 시나가, 「물라툴리」, 2017 (물라툴리 박물관, 랑카스비퉁)

마치며

나는 과거에는 말레이시아, 호주 등지에서 현재는 한국에서 아시아의 역사를 가르치면서, 돌로로사 시나가를 비롯한 남아시아의 여러 예술가들의 활동을 수년간 지켜봐왔다. 특히 내가 돌로로사 시나가의 삶을 주되게 살펴보게 된 것은 그의 출생과 성장, 그가 생산해낸 예술품 등이 거대한 역사의 산물이라는 판단이 들어서였다. 이 책에서 나는 인도네시아를 대표하는 예술가인 돌로로사 시나가가 살았던 장소들과 그곳들이 변화해온 역사를 돌이켜보며 그 서사들이 갖는 연계 즉 '지역 간의 역사적 대화'를 탐구하고자 했다. 한 사람의 예술가가 태어나 격변기의 세계 속에서 성장하고, 결국에는 국가를 대표하는 예술가로 자리매김하는 과정은 정치, 사회, 문화의 결합이 한 개인에게 미치는 영향을 생생하게 선보인다.

돌로로사 시나가는 1952년 인도네시아 시볼가에서 명문 바탁 가문의 딸로 태어났다. 그가 태어난 때는 불과 얼마 전 인도네시아가 독립을 선언한 뒤 국가의 수립과 근대화에 막 착수하던 시기이기도 했다. 네덜란드의 대규모 플랜테이션 농산물·목재 생산지였던 과거의 인도네시아는 바야흐로 해상운송과 중개무역을 중심으로 하는 근대적 도시국가로 변모하려던 참이었다.

국가 수립기의 정치는 혼란스러웠다. 독립 전후에 하나의 세력을 형성하며 활동하던 공산주의자들, 이슬람 강경파들의 대립이 20여 년간 이어졌고 1965년 수하르토의 쿠데타로 '신질서'라는 캐치프레이즈를 건 군정 통치가 시작된다. 여기에 더해 서구 문화가 물밀 듯 유입되며 대중문화의 판도가 바뀌던 혼란기에, 돌로로사는 미술을 공부하기 위해 대학에 입학한다.

1980년 런던 세인트마틴 대학으로 유학한 것은 돌로로사에게 중요한 전환점이었다. 당시 세인트마틴의 예술가들은 조각의 정체성에 대해 끊임없이 질문을 던지며 예술 전체에 활력을 불어넣고 있었다. 그들은 과거의 회화적 경향과의 결별을 선언하며, 특히 조소에서의 입체성을 강조했다. 이때 돌로로사는 조각이 곧 몸의 표현이라는 명제를 받아들이게 되었고, 이는 그 뒤 그의 작품을 조각하는 데에 하나의 신조로서 자리잡는다. 1983년 인도네시아로 돌아온 뒤부터는 여전히 세인트마틴 조소의 지향을 따르면서도 차차 인도네시아 사회 문제에 눈길을 돌리게 되었다. 특히 신질서 이후의 민주주의의 향방, 성평등, 정의 등을 조각에 담아내면서 기존의 추상적 조소의 틀을 과감히 벗어던지며 대중과의 소통에 앞장서고 있다.

 돌로로사의 삶, 예술, 정치는 서로 연관된 역사적 현상으로서, 이 세 가지 모두 그의 행위, 그리고 그에게 도움을 주거나 상처를 주었던 구조적 힘 간의 공생의 산물이다. 때로는 작은, 때로는 거대한 영향을 미친 이 구조적 힘의 예를 보면 돌로로사가 속했던 핵가족, 바탁 문화, 개신교, 인도네시아의 국가 건설, 부르주아의 확장과 예술시장의 부흥을 이끌었던 경제 근대화, 서양의 대학원에서 공부할 기회를 열어준 문화적 냉전, 서구와 동남아시아 간의 문화적 교류를 촉진했던 세계화 등을 꼽을 수 있다.

 이처럼 돌로로사의 삶, 예술 정치를 제대로 이해하기 위해서는 (다른 많은 연구자가 그랬듯) 인도네시아라는 맥락을 통해 이를 바라보아야 한다. 예술의 주제라는 면에서 보면 돌로로사는 자카르타, 인도네시아라는 사회와 공동체 속에서 일어나는 일들을 놓고 조각을 통해 의견을 표출한 것이 맞다. 하지만 다른 한편 그의 작품은 헨리 무어가 만든 전통과 이를 대체했던 앤서니 카로를 비롯한 세인트마틴의 강사들 사이에 형성된 "영국 조소계의 에큐메네" 속에서 오갔던 담론의 산물(그리고 그 담론에 대한 돌로로사의 대답)이다.

 지금까지 많은 아시아 예술가들의 작업은 그들이 자국에서 활동할 경우, 국가와 지역이라는 한정된 관점에서 다뤄져왔다. 그러나 아시아 문화가 진정으로 아시아 밖의 세계와 조우하고 세계사의 한 챕터로 읽히기 위해서는 소위 민족주의적 시각에 갇혀서는 안 될 것이다. 인도네시아인 또는 아시아인이라는 범주는 그들의 몸에 체화된 기억이 발현된 작품을 해석하는 측면에서 비평의 중요한 코드 중 하나일 수 있다. 하지만 그러한 예술가의 특수성이 세계인들에게 공감 가능한 무엇이 될 때, 우리는 보다 폭넓게 작품을 마주할 수 있을 것이다. 돌로로사를 비롯한 많은 아시아 예술가들이 그러한 분투를 지속하고 있으므로, 앞으로 이러한 예술이 축적되어간다면 우리는 비로소 아시아라는 상상의 경계에서 공통의 정서 또한 다룰 수 있지 않을까 희망해본다.

미주

1 초년기

1. Sahala Napitupulu and Pitono Adhi, Terima Kasih, *Hampir Selesai* (Jakarta: Yayasan Putra Hermanus-Yosua, 2005), 93.
2. *Ibid.*, xiv, 25-27, 29.
3. Abraham Johannes van Zanen, "Voorwaarden voor Maatschappelijke Ontwikkeling in het Centrale Batakland" (PhD diss., Rijksuniversiteit Leiden, 1934); Justus M. van der Kroef, "Entrepreneur and Middle Class," in *Indonesia in the Modern World* (Bandung: Masa Baru, 1956), 6-10; Johan Hasselgren, *Rural Batak, Kings in Medan: The Development of Toba Batak Ethno-Religious Identity in Medan, Indonesia, 1912-1965* (Uppsala: Uppsala University, 2000), 88-135.
4. Napitupulu and Adhi, Terima Kasih, 40, 46, 58-59.
5. *Ibid.*, 49.
6. Napitupulu and Adhi, Terima Kasih, 68.
7. 개인적 대화, 2017. 5. 20., 일본 식민지 시절 이전 푼타는 사모시르(Samosir) 섬의 선생이었다; 저자와의 인터뷰, 2017. 6. 5.
8. Terima Kasih, 92-94.
9. *Sitor Situmorang, Sitor Situmorang: Seorang Sastrawan 45; Penyair Danau Toba* (Jakarta: Sinar Harapan, 1981), 12; J. C. Vergouwen, *The Social Organisation and Customary Law of*

the Toba-Batak of Northern Sumatra (The Hague: M. Nijhoff, 1964), 2, 70, 271; Napitupulu and Adhi, Terima Kasih, 93-94.

10　Terima Kasih, 93. 저자와의 인터뷰, 2017. 2. 15.

11　*Ibid.*

12　Rustika Herlambang, "Dolorosa Sinaga: Nyanyian Tubuh," https://rustikaherlambang.com/2009/07/28/dolorosa-sinaga/

13　저자와의 인터뷰, 2017. 2. 16.

14　Karel Steenbrink, *Catholics in Indonesia, 1808-1942: A Documented History*, vol. 1: A modest recovery (Leiden: KITLV, 2007), 64.

15　Hasselgren, *Rural Batak, Kings in Medan*, 358.

16　Ooi Giok Liong, "Medan," in *Encyclopedia of Modern Asia*, ed. David Levinson and Karen Christensen (New York: Charles Scribner's Sons, 2002), 96.

17　*Ibid.*

18　Napitupulu and Adhi, Terima Kasih, 95.

19　*Ibid.*, 96-98.

20　*Ibid.*, 97-98.

21　*Ibid.*, 98.

22　카렐과 치트라 스마라 데위(Citra Smara Dewi) 간 인터뷰, 2004. 7. 1.

23　Ratih Soe, "Dolorosa Sinaga: A Sculptor with Myriad Achievements," http://lapak-ratih.blogspot.co.id/2007/06/dolorosa-sinagaa-sculptor-wity-myriad.html

24　저자와의 인터뷰, 2017. 2. 16. Maria D. Andriana, "Dolorosa Sinaga Membekukan Gerak," Antara NTT, 2017. 1. 29. Herlambang, "Nyanyian Tubuh".

25　저자와의 인터뷰, 2017. 2. 16.

26　Ooi, "Medan," 96.

27　Woonkyung Yeo, "Palembang in the 1950s: The Making and Unmaking of a Region" (PhD diss., University of Washington, 2012); Dedi Irwanto Muhammad Santun, *Venesia dari Timur: Memaknai Produksi dan Reproduksi Simbolik Kota Palembang dari Kolonial Sampai Pascakolonial* (Yogyakarta: Ombak, 2010), 113.

28　Napitupulu and Adhi, Terima Kasih, 108.

29　Kroef, "Entrepreneur and Middle Class," xiv, 22, 46, 50-51.

30 저자와의 인터뷰, 2017. 2. 16.

31 *Ibid.*

32 Napitupulu and Adhi, Terima Kasih, 106.

33 *Ibid.*, 108.

34 William H. Frederick, "Historical Setting," in *Indonesia: A Country Study*, ed. William H. Frederick and Robert L. Worden (Washington, DC: Library of Congress, Federal Research Division, 2011), 60-61, 66.

35 M. C. Ricklefs, *A History of Modern Indonesia since c. 1200*, 4th ed. (Stanford, CA: Stanford University Press, 2008), 318.

36 Susan Abeyasekere, *Jakarta: A History* (Singapore: Oxford, 1987), 202, 205.

37 *Ibid.*, 208.

38 *Ibid.*, 207.

39 *Ibid.*, 215; Jean Gelman Taylor, *Global Indonesia* (New York, NY: Routledge, 2013), 132.

40 Abeyasekere, *Jakarta: A History*, 195; Keith Foulcher, "A Survey of Events Surrounding Manikebu: The Struggle for Cultural and Intellectual Freedom in Indonesian Literature," *Bijdragen tot de Taal-, Land- en Volkenkunde* 125, no. 4 (1969).

41 M. C. Ricklefs, *A History of Modern Indonesia since c. 1200*, 3rd ed. (Houndmills, UK: Palgrave, 2001), 46-49, 338-341.

42 Robert Cribb, "How Many Deaths? Problems in the Statistics of Massacre in Indonesia (1965-1966) and East Timor (1975-1980)," in *Violence in Indonesia*, ed. Ingrid Wessel and Georgia Wimhoefer (Hamburg: Abera Verlag Markus Voss, 2001), 91-92.

43 Napitupulu and Adhi, Terima Kasih, 115-117.

44 Thee Kian Wie, "The Soeharto Era and After: Stability, Development and Crisis, 1966-2000," in *The Emergence of a National Economy: An Economic History of Indonesia, 1800-2000*, ed. H. W. Dick (Honolulu, HI: University of Hawai'i Press, 2002), 203.

45 Napitupulu and Adhi, Terima Kasih, 126.

46 저자와의 인터뷰, 2017. 2. 16. 추가 참조: Citra Smara Dewi, "Membangun Citra Institusi dan Semangat Civitas Akademika," in *19 Tokoh Fakultas Seni Rupa Institut Kesenian Jakarta, 1970-2010*, ed. Dolorosa Sinaga, et al. (Jakarta: Fakultas Seni Rupa Institut Kesenian Jakarta, 2010), 267; Aryo Wisanggeni, "Saya Tidak Akan Berhenti Berteriak," *Kompas*, 14

June, 2015; Soe, "A Sculptor with Myriad Achievements".

47　저자와의 인터뷰, 2017. 2. 16.

48　PSKD 기독교 고등학교는 1942년 5월 20일에 크위탕(Kwitang) 인도네시아 개신교 교회 소속 레버렌드 이삭 시아지안(Reverend Isak Siagian)이 설립했다. 참조: http://jakartapedia.bpadjakarta.net/index.php/Perkumpulan_Sekolah_Kristen_Djakarta

49　저자와의 인터뷰, 2017. 2. 5.

50　Ricklefs, *A History of Modern Indonesia since c. 1200*, 346–354.

51　Thee, "The Soeharto Era and After: Stability, Development and Crisis, 1966–2000," 203–207; R. M. Sundrum, "Indonesia's Rapid Economic Growth: 1968–81," *Bulletin of Indonesian Economic Studies* 22, no. 3 (1986): 42.

52　Henri Chambert-Loir, "Horison: Six années d'une revue littéraire indonésienne," Archipel 4 (1972).

53　David T. Hill, "'The Two Leading Institutions': Taman Ismail Marzuki and Horison," in *Culture and Society in New Order Indonesia*, ed. Virginia Matheson Hooker (Kuala Lumpur: Oxford University Press, 1993); Dewi, "Membangun Citra"; Tim Penulis FSR IKJ, "Sejarah, Sekarang, dan Masa Depan Kita," in *19 Tokoh Fakultas Seni Rupa Institut Kesenian Jakarta*, ed. Dolorosa Sinaga, et al. (Jakarta: Fakultas Seni Rupa Institut Kesenian Jakarta, 2010), 31; Tod Jones, "Indonesian Cultural Policy, 1950–2003: Culture, Institutions, Government" (PhD diss., Curtin University of Technology, 2005), 159–162; Ramadan K.H., *Bang Ali demi Jakarta (1966–1977): Memoar* (Jakarta: Sinar Harapan, 1992), 180–186.

54　Andrew N. Weintraub, "Pop Goes Melayu: Melayu Popular Music in Indonesia, 1968–1975," in *Sonic Modernities in the Malay World: A History of Popular Music, Social Distinction and Novel Lifestyles (1930s–2000s)*, ed. Bart Barendregt (Leiden: Brill, 2014), 174; Pierre Labrousse, "Sociologie du Roman Populaire Indonésien (1966–1973)," in *Littératures contemporaines de l'Asie du Sud-Est*, ed. P.-B. Lafont and D. Lombard (Paris: Asiathèque, 1974), 243–244.

55　Adrian Vickers, *A History of Modern Indonesia*, 2nd ed. (Cambridge: Cambridge University Press, 2013), 169; Virginia Matheson Hooker and Howard Dick, "Introduction," in *Culture and Society in New Order Indonesia*, ed. Virginia Matheson Hooker (Kuala Lumpur: Oxford

University Press), 12-13.

56 Vickers, *Modern Indonesia*, 2nd ed., 169-70; Ramadan K.H., *Bang Ali demi Jakarta*, 266-267; Mochtar Lubis, "Pegang Orang Tua Mereka," in *Tajuk-Tajuk Mochtar Lubis di Harian Indonesia Raya; Seri 2: Korupsi dan Ekonomi, Pendidikan dan Generasi Muda, Hukum, Abri*, ed. Atmakusumah and Sri Rumiati Atmakusumah (Jakarta: Yayasan Obor, 1997), 378-379.

57 Emma Baulch, "Genre Publics: Aktuil Magazine and Middle-Class Youth in 1970s Indonesia," *Indonesia* 102(2016), 89; Abdul Muis, "Kami Mendakwa: Generasi Terdahulu Bertanggung Djawab terhadap Bobroknya Moral & Mental," *Aktuil*, no. 32 (1969): 9; Remy Sylado, "Gives Us Freedom!! The Props Dilarang Main oleh Badju Hidjau: Kepribadian Nasional Djadi Ketjap Nomor 19," *Ibid.*, no. 36: 42-43, 47. 소레 솔리훈(Soleh Solihun)과 레미 실라도(Remy Sylado)의 인터뷰, 2014. 2. 9.

58 Firman M. Ichsan, "Dolorosa: Pencarian Tanggungjawab Ideologis dari Sebuah Kerja Estetis," in *Have You Seen a Sculpture from the Body?: A Retrospective of the Sculptures of Dolorosa Sinaga, 10-31 October 2001, National Gallery, Jakarta*, ed. Alexander Supartono (Jakarta: National Gallery of Indonesia, 2001), 70.

59 저자와의 인터뷰, 2017. 2. 16. Soe, "A Sculptor with Myriad Achievements"; Ichsan, "Dolorosa: Tanggungjawab Ideologis," 70.

2 성장기

1 Abeyasekere, *Jakarta: A History*, 216.
2 *Ibid.*, 219-220, 232-237.
3 *Ibid.*, 216-217, 220.
4 *Ibid.*, 219-220.
5 Lea Jellinek, *The Wheel of Fortune: The History of a Poor Community in Jakarta* (Honolulu: University of Hawai'i Press, 1991), 18.
6 Abeyasekere, *Jakarta: A History*, 217-219.

7   *Ibid.*, 222–226.

8   *Ibid.*, 217–221; Jellinek, *Wheel of Fortune*, 18.

9   Abeyasekere, *Jakarta: A History*, 219.

10 *Ibid.*, 226–232.

11 *Ibid.*, 219–220.

12 Hildred Geertz, *Indonesian Cultures and Communities*, ed. Hildred Geertz and Ruth Thomas McVey (New Haven, CT: HRAF Press, 1963), 16–17.

13 Ramadan K.H., *Bang Ali demi Jakarta*, 187; Edi Sedyawati and Wiyoso Yudoseputro, *Sewindu LPKJ* (Jakarta: Lembaga Pendidikan Kesenian Jakarta, 1978), 172; Tim Penulis FSR IKJ, "Sejarah, Sekarang," 31.

14 "Sejarah, Sekarang," 32.

15 *Ibid.*, 36. 저자와의 인터뷰, 2017. 3. 9.

16 저자와의 인터뷰, 2017. 2. 4.

17 저자와의 인터뷰, 2017. 6. 5. Emmy Fitri, "Dolorosa Sinaga: Casting Tales from the Human Body," *The Jakarta Post*, October 12, 2008.

18 Dewi, "Membangun Citra," 89; Bestina Virgiati, "Dolorosa Sinaga: Tangannya Menciptakan 'Semangat Hidup'," *Femina*, 1992. 5. 14; Herlambang, "Nyanyian Tubuh".

19 Wisanggeni, "Saya Tidak Akan Berhenti Berteriak"; Napitupulu and Adhi, Terima Kasih, 137; Andriana, "Membekukan Gerak"; M, "Dolorosa Sinaga," *Matra*, August 1994; Herlambang, "Nyanyian Tubuh".

20 저자와의 인터뷰, 2017. 6. 5.

21 Dolorosa Sinaga, "Zaini: Seni untuk Kemuliaan Manusia," in *19 Tokoh Fakultas Seni Rupa Institut Kesenian Jakarta, 1970-2010*, ed. Dolorosa Sinaga, et al. (Jakarta: Fakultas Seni Rupa Institut Kesenian Jakarta, 2010), 95; Tim Penulis FSR IKJ, "Sejarah, Sekarang," 39.

22 1970년대 초 자카르타는 제대로 된 학위를 갖춘 예술 강사가 희박했다는 점에 주목하자. 저자와의 인터뷰, 2017. 3. 9.

23 Sinaga, "Zaini: Seni untuk Kemuliaan Manusia," 89–90, 95–96; Tim Penulis FSR IKJ, "Sejarah, Sekarang," 37–39; Tri Aru Wiratno, "Nashar: Pembawa Semangat Kesanggaran," in *19 Tokoh Fakultas Seni Rupa, Institut Kesenian Jakarta, 1970-2010*, ed. Dolorosa Sinaga, et al. (Jakarta: Fakultas Seni Rupa Institut Kesenian Jakarta, 2010), 103, 106–108, 111, 113;

Citra Smara Dewi, "Oesman Effendi (OE): Berguru pada Alam," in *19 Tokoh Fakultas Seni Rupa Institut Kesenian Jakarta, 1970-2010*, ed. Dolorosa Sinaga, et al. (Jakarta: Fakultas Seni Rupa Institut Kesenian Jakarta, 2010), 76-79.

24 Farida Srihadi and Tri Aru Wiratno, "Srihadi Soedarsono: Menangkap Keindahan Sebagai Kualitas Jiwa," in *19 Tokoh Fakultas Seni Rupa, Institut Kesenian Jakarta, 1970-2010*, ed. Dolorosa Sinaga, et al. (Jakarta: Fakultas Seni Rupa Institut Kesenian Jakarta, 2010), 129, 132-134; Sinaga, "Zaini: Seni untuk Kemuliaan Manusia," 95; Citra Smara Dewi, "Oesman Effendi (OE): Berguru pada Alam," *Ibid.*, 78; Tim Penulis FSR IKJ, "Sejarah, Sekarang," 37, 39-41.

25 Adlien Fadlia and Susi Harahap, "G. Sidharta Soegijo (1932-2006): Penjelajahan Seni untuk Masyarakat dan Martabat Kemanusiaan," in *19 Tokoh Fakultas Seni Rupa, Institut Kesenian Jakarta, 1970-2010*, ed. Dolorosa Sinaga, et al. (Jakarta: Fakultas Seni Rupa Institut Kesenian Jakarta, 2010), 66-67; Sinaga, "Zaini: Seni untuk Kemuliaan Manusia," 95.

26 저자와의 인터뷰, 2017. 6. 6.

27 *Ibid.*

28 *Ibid.*

29 작가인 푸투 위자야(Putu Wijaya), 편집자 P. K. 오용(Ojong), 시인 시토르 시투모랑(Sitor Situmorang)과 그의 부인 바바라 브루워(Barbara Brouwer) 등이 돌로로사의 작품을 구입했다. 저자와의 인터뷰, 2017. 6. 5.

30 이리안틴 카르나야는 1986년부터 예술원에서 강의를 했다. http://arsip.galerinasional.or.id/uploads/arsip/text/1761/38298/148-149.pdf

31 야니 마리아니 사스트라너가라는 1974~81년에 예술교육원에서 조각을 배웠다. http://www.tonyrakaartgallery.com/contemporary-art/artist-yani-mariani-sastanegra.php

32 Carla Bianpoen, Farah Wardani, and Wulan Dirgantoro, "Tridjoto Abdullah," in *Indonesian Women Artists: The Curtain Opens*, ed. Carla Bianpoen, Farah Wardani, and Wulan Dirgantoro (Jakarta: Yayasan Seni Rupa Indonesia, 2007), 247-250.

33 저자와의 인터뷰, 2017. 6. 5.

34 아르주나는 여기서 아주 잠시만 살았다. 이사를 한 이후엔 예술교육원에 거의 살다시

피했다. 저자와의 인터뷰, 2017. 6. 5.

35 저자와의 사담, 2017. 6. 6.

36 저자와의 인터뷰, 2017. 6. 5.

37 1969년~1971년 사이 자호리르(1945~2008)는 연합 회장을 맡았다. Sarbini Sumawinata, *Menuju Masyarakat Adil Makmur: 70 Tahun Prof. Sarbini Sumawinata* (Jakarta: Gramedia, 1989), 580. 1973~1975년, 터구 에샤(Teguh Esha)가 그 자리를 맡게 된다. "Menikah," *Tempo*, 26 May 1979.

38 저자와의 인터뷰, 2017. 6. 5. 인도네시아 대학 사회정치과(당시 사회과학과)의 요약사를 보려면 다음의 링크를 참조. http://hai.grid.id/Kampus/Profile/Fakultas-Ilmu-Sosial-Dan-Ilmu-Politik-Fisip-Universitas-Indonesia

39 저자와의 인터뷰, 2017. 6. 16.

40 어느 날 시나가 가족은 잘란 솔로를 떠나 잘란 칠라찹에서 살기 시작했다. 저자와의 인터뷰, 2017. 6. 5.

41 William H. Frederick, "Rhoma Irama and the Dangdut Style: Aspects of Contemporary Indonesian Popular Culture," *Indonesia* 34(1982): 128.

42 참가한 16명의 예술가: Ulmen Aygin (1959~), Gillian Brent (1959~), Owen Cunningham (1954~), Martin Ferrabee (1957~), Francisco Gazitúa (1944~), Katherine Gili (1948~), Robin Greenwood (1950~), Thomas Grimsey (1960~), Hilde Köhly (1955~), Michael Marren (1959~), Paul McGonigle (1959~), Simon Orman (1960~), Robert Persey (1951~), Pamela Pinhorn (1960~), Mark Skilton (1954~), and Anthony Smart (1949~). *Have You Seen Sculpture from the Body* (London: Woodlands Art Gallery, 1983) 및 "About Anthony Smart" http://www.smartabstractart.co.uk/anthonysmartbio/; "Frank Martin: 1914-2004," Art Monthly, no. 274 (2004. 3. 1), 16 참조.

43 *Have You Seen Sculpture from the Body* (London: Tate Gallery, 1984) 참조.

44 돌로로사 시나가와의 인터뷰, 2017. 2. 16. 앤서니 카로는 세인트마틴 대학에서 1953년부터 1979년까지 시간강사로 일했다. 당시 프랭크 마틴이 조소과 학과장이었다.: David Cohen "The Last Modernist," *Sculpture* 14, no. 1 (January-February 1995), 23 참조; "Frank Martin: 1914-2004," 16: Brian McAvera, "Influence, Exchange, and Stimulus: A Conversation with Sir Anthony Caro," *Sculpture* 21, no. 2 (March 2002), 25. 1980년에 돌로로사가 세인트대학에 입학한 이후 카로 본인은 물론 앨런 구크로 대표되는 그의

"사도" 같은 강사로부터 카로 조각에 대한 수업을 듣는다.

45 William Tucker, *The Language of Sculpture* (London: Thames and Hudson, 1974).

46 Brendan Prendeville, review of Sam Cornish's book *Stockwell Depot 1967-79*, *Sculpture Journal* 24, no. 3 (2015), 428.

47 Nick Baker, "Expanding the Field: How the 'New Sculpture' Put British Art on the Map in the 1980s," *British Art Studies*, no. 3, 2017. 11. 14. 접속, http://dx.doi.org/10.17658/issn.2058-5462/issue-03/nbaker; David Cohen, "Anthony Caro: Sculpture with a Twist," *Metalsmith* 32, no. 2 (June 2012), 43 참조.

48 William Grimes, "Anthony Caro, Who Followed Sculpture on a 'Path to Abstraction,' Dies at 89," *The New York Times*, 2013. 10. 24., 2017. 11. 14. 접속, http://www.nytimes.com/2013/10/25/arts/design/anthony-caro-sculptor-who-discovered-a-path-to-abstraction-dies-at-89.html

49 *Ibid.*

50 Cohen, "The Last Modernist," 22.

51 1951~53년에 헨리 무어의 조수이자 조소과 학생으로 생활하며 카로는 자신의 목소리를 찾고자 노력했다. Peter Fuller, "Anthony Caro," *Art Monthly* no. 23 (1979. 2. 1.), 7 참조: 헨리 무어는 카로에게 "초현실주의, 아프리카, 신대륙 발견 전의 예술 등 보수적 왕립미술원에서 가르치지 않는 많은 것들"을 전해주었다. Karen Wilkin, "British Sculptors Invade Paris," *The Hudson Review* 49, no. 3 (1996 가을), 459.

52 George Strong, "The Late Sculpture of David Smith" (PhD diss., Syracuse University, 1999), 187-189.

53 Michael Dibdin, "From Canova to Caro," *Modern Painters* (1992 가을), 44; Peter Fuller, "Anthony Caro Talks about Henry Moore," *Modern Painters*, no. 3 (1988 가을), 12; Grimes, "Anthony Caro"; Fuller, "Anthony Caro Talks about Henry Moore," 13.

54 Cohen, "The Last Modernist," 20.

55 Karen Wilkin, "Anthony Caro and the Onward of Art," The Met, YouTube video, 53:34, February 2, 2012, https://www.youtube.com/watch?v=GiW_FPr-SS8

56 Christopher Andreae, "On the Edge of the Impossible: Sculptor Anthony Caro," *The Christian Science Monitor*, 1980. 8. 18., 2017. 11. 14. 접속, https://www.csmonitor.com/1980/0818/081812.htm; Fuller, "Anthony Caro," 6; Fuller, "Anthony Caro Talks

about Henry Moore," 10. 관객에게 감정적 영향을 전해주는 것을 중요시했던 카로는 "인간의 감정이 느껴지지 않는 것은 만들지 않는다! 본능, 가슴을 울리게 하고 싶다" 라고 말한다. McAvera, "Influence, Exchange, and Stimulus," 30 참조.

57 Ina Cole, "Doing What I Don't Know: A Conversation with Anthony Caro," *Sculpture* 26, no. 2 (2007. 3.), 33.

58 Karen Wilkin, "Smith & Caro," *Modern Painters* 8, no. 4 (1995), 42; Rosalind E. Krauss, *Passages in Modern Sculpture* (New York: The Viking Press, 1977), 186.

59 Dorothy Gallagher, "Anthony Caro—Pushing the Limits of Sculpture," *The New York Times*, 1975. 5. 18, 2017. 11. 14 접속, http://www.nytimes.com/1975/05/18/archives/anthony-caropushing-the-limits-of-sculpture-anthony-caropushing-the.html; Anthony Caro, "If You Want to Change Your Art, Change Your Habits," Web of Stories, YouTube video, 2:09, 2017. 6. 21., https://www.youtube.com/watch?v=tcC9t_tPlCM

60 Grimes, "Anthony Caro".

61 Cole, "Doing What I Don't Know," 30; Martin Fried, "Anthony Caro: 1924-2013," *Artforum International* 52, no. 6 (2014. 2).

62 Alan Gouk, "Steel Sculpture Part II—from Scott, Tucker and Panting to the Present," Abstract Critical, 2014. 5. 30, 2017. 11. 14 접속, https://abstractcritical.com/article/steel-sculpture-part-ii-from-scott-tucker-and-panting-to-the-present/index.html; Margaret Garlake, "Frank Martin, 1914-2004," *Art Monthly*, no. 274 (March 1, 2004), 16. 참조.

63 Bruce McLean, "Frank Martin," *The Guardian*, 2004. 3. 3, 2017. 11. 14 접속, https://www.theguardian.com/news/2004/mar/02/guardianobituaries.education

64 Garlake, "Frank Martin," 16.

65 Dolorosa Sinaga, "Artist Statement," in *Have You Seen a Sculpture from the Body? Dolorosa Sinaga Sculpture Exhibition, Galeri Nasional Indonesia, 15 October-1 November 2008*, ed. Lisabona Rahman (Jakarta: Galeri Nasional, 2008), 4.

66 돌로로사와의 인터뷰, 2017. 2. 4.

67 Brendan Prendeville, review of Sam Cornish's book *Stockwell Depot, 1967-79*, 428.

68 Alan Gouk, "Alan Gouk Writes on Katherine Gili Sculpture," *Abcrit*, 2016. 12. 31., 2017. 11. 17. 접속, https://abcrit.org/2016/12/31/48-alan-gouk-writes-on-katherine-gili-

sculpture/

69　Alan Gouk, "Proper to Sculpture," *Artscribe*, no. 25 (1980. 10), 12-24.

70　David Cohen, "William Tucker: From the Formal to the Primeval," *Sculpture* 29, no. 3 (2010. 4), 33.

71　Vivien Knight, "Introduction," in *Have You Seen Sculpture from the Body?* (1984), 10.

72　Gouk, "Proper to Sculpture," 13, 15~16, 24; Prendeville, review of Sam Cornish's book *Stockwell Depot, 1967-79*, 428; 돌로로사와의 인터뷰, 2017. 2. 4.

73　Gouk, "Proper to Sculpture," 14; Alan Gouk, "Carbon, Diamond," in *Have You Seen Sculpture from the Body?* (1984), 33 참조.

74　Gouk, "Proper to Sculpture," 15-16.

75　Gouk, "Steel Sculpture Part II."

76　적어둔 노트에서 발견한 부분이나 팀 스콧이 정확히 어디서 이 말을 한 것인지는 찾지 못함.

77　샘 코시쉬(Sam Cornish) 인용, "Katherine Gili: A Career Survey," Poussin Gallery, 2011, 2017. 11. 17 접속, http://www.poussin-gallery.com/site.php?exhibition=74

78　Gouk, "Proper to Sculpture," 16 참조.

79　*Ibid.*, 13; Gouk, "Steel Sculpture Part II."

80　*Ibid.*; John McEwen, "Reform," *The Spectator*, October 15, 1983, 31 참조.

81　Gouk, "Carbon Diamond," 33.

82　Cornish, "Katherine Gili: A Career Survey"; Sam Cornish, "Katherine Gili: Abstract and Figurative," Abstract Critical 2011. 5. 31., 2017. 11. 17. 접속, https://abstractcritical.com/article/abstract-and-figurative-in-the-sculpture-of-katherine-gili/index.htm; 돌로로사와의 인터뷰, 2017. 2. 4.

83　Knight, "Introduction," 13; 돌로로사와의 인터뷰, 2017. 2. 4.

84　Cornish, "Katherine Gili: A Career Survey."

85　카로주의는 중력을 고려한 조각을 중시했다. Gouk "Carbon, Diamond," 23-24, 27 참조.

86　Gouk, "Steel Sculpture Part II"; Gouk, "Carbon, Diamond," 29.

87　Gouk, "Steel Sculpture Part II"; Gouk, "Carbon, Diamond," 30; Wilkin, "Anthony Caro and the Onward of Art."

88　Knight, "Introduction," 11.

89 Jonathon Pittendrigh, "Sculpture at St. Martin's: An Interview by David Alston," *Oxford Art Journal* 2, no. 3 (October 1, 1979), 22; Sinaga, "Artist Statement," 4.

90 길버트와 조지 등 1970년대에 세인트마틴 대학에서 카로와 카로주의에 반기를 들었던 주요 인물에 대한 이야기는 다음을 참조. Stuart Sillars, "'Is It Possible for Me to Do Nothing as My Contribution?' Visual Art in the 1970s," in *The Arts in the 1970s: Cultural Closure?* ed. Bart Moore-Gilbert (London and New York: Routledge, 1994), 269–272.

91 Clement Greenberg, "Modernist Painting," in *Modern Art and Modernism: A Critical Anthology*, ed. Francis Frascina and Charles Harrison (Boulder, CO: Westview, 1987), 5–10.

92 Fuller, "Anthony Caro," 14.

93 *Ibid.*

94 Gouk, "Carbon, Diamond"; McEwen, "Reform," 31 참조.

95 Robin Greenwood, "William Tucker in Conversation," Abstract Critical, 2012. 2. 3, 2017. 11. 17. 접속, https://abstractcritical.com/article/bill-tucker-in-conversation-with-robin-greenwood/index.html

96 돌로로사와의 인터뷰, 2017. 2. 4.

97 *Ibid.*

98 Endo Suanda, "Dolorosa Sinaga: Sebuah Tafsir dan Praktik untuk Riset Murni," Gong 85. 7 (2006), 2017. 11. 17. 접속, https://panji-cybersufi.blogspot.kr/2013/03/dolorosa-sinaga-sebuah-tafsir-dan.html#WhFFO9KWaUk

99 돌로로사와의 인터뷰, 2017. 2. 4.

100 Fuller, "Anthony Caro," 14.

101 돌로로사와의 인터뷰, 2017. 2. 4.

102 Fuller, "Anthony Caro," 11.

103 앨리슨 슬리만(Alison Sleeman) 인용, "William Tucker: The Language of Sculpture," 1995. 2. 16, 2017. 11. 17 접속, http://webarchive.henry-moore.org/docs/file_1366803606258.pdf

104 돌로로사와의 인터뷰, 2017. 2. 4., 2017. 2. 16.; Admin, "Perempuan di Antara Keindahan dan Realitas Sosial," Sarasvati, 2013. 7. 12J, 2017. 11. 17. 접속, http://www.sarasvati.co.id/acara-seni/07/perempuan-di-antara-keindahan-dan-realitas-sosial/f

105 시트라 스마리 데위와 돌로로사 간 인터뷰, 2004. 7. 13.
106 돌로로사와의 인터뷰, 2017. 2. 4.
107 Wisanggeni, "Saya Tidak Akan Berhenti Berteriak".
108 돌로로사와의 인터뷰, 2017. 2. 16.
109 Dewi, "Membangun Citra," 267; Rahman, *Have You Seen a Sculpture from the Body*, 52.

3 예술적 성숙기 및 정치적 참여

1 Dean Forbes, "Jakarta: Globalization, Economic Crisis, and Social Change," in *World Cities beyond the West: Globalization, Development, and Inequality*, ed. Josef Gugler (Cambridge: Cambridge University Press, 2004), 273; Christopher Silver, *Planning the Megacity: Jakarta in the Twentieth Century* (London and New York: Routledge, 2008), 158; "Jakarta: Population," population.city, 2015, 2017. 11. 17. 접속 http://population.city/indonesia/adm/jakarta/

2 Gumilar Rusliwa Somantri, "Migration within Cities: A Study of Socio-Economic Processes, Intra-City Migration and Grass-Roots Politics in Jakarta" (PhD diss., Universität Bielefeld, 1996), 79; Tommy Firman, "Indonesian Cities in Early Reform Era," in *The Indonesian Town Revisited*, ed. P. Nas (Singapore: Institute of Southeast Asian, 2002), 104.

3 Robert Cribb, *Historical Atlas of Indonesia* (London: Curzon Press, 2000), 178.

4 Somantri, "Migration within Cities," 74-75.

5 *Ibid.*, 80.

6 Silver, *Planning the Megacity*, 187.

7 *Ibid.*, 158.

8 Virginia Matheson Hooker, "Expression: Creativity Despite Constraint," in *Indonesia beyond Suharto: Polity, Economy, Society, Transition*, ed. Donald K. Emmerson (Armonk, NY: M. E. Sharpe, 1999), 262-291.

9   Dewi, "Membangun Citra," 267; Fitri, "Casting Tales"; *Power of Shape: Sculpture Exhibition of Dolorosa Sinaga* (Seminyak: Kendra Gallery of Contemporary Art, 2009), 60.

10 Virgiati, "Tangannya Menciptakan".

11 돌로로사와의 인터뷰, 2017. 2. 19. Supartono, *Have You Seen a Sculpture from the Body*, 75.

12 Dewi, "Membangun Citra," 267; 돌로로사와의 인터뷰, 2017. 2. 16. 피에로 무시의 파운드리에 대한 정보는 다음을 참조. https://www.artworksfoundry.com/about

13 Supartono, *Have Seen a Sculpture from the Body*, 75.

14 Amrit Gomperts, Arnoud Haag, and Peter Carey, "The Sage Who Divided Java in 1052: Maclaine Pont's Excavation of Mpu Bharada's Hermitage-Cemetery at Lemah Tulis in 1925," Bijdragen tot de Taal-, Land- en Volkenkunde 168, no.1 (2012), 5.

15 Fitri, "Casting Tales".

16 돌로로사와의 인터뷰, 2017. 2. 5.

17 Virgiati, "Tangannya Menciptakan". 돌로로사와의 인터뷰, 2017. 2. 28. http://somalaing.blogspot.co.id/ 참조.

18 돌로로사와의 인터뷰, 2017. 2. 5.

19 돌로로사와의 인터뷰, 2017. 2. 16.

20 Ichsan, "Pencarian Tanggungjawab Ideologis," 70-71. 돌로로사와의 인터뷰, 2017. 2. 16. 인터뷰 동안 돌로로사는 저자에게 "아줍 덕분에 좌파적 사고를 하게 되었다"라고 말했다. 또한 프라무디아는 친분을 쌓은 후 마치 자신을 딸처럼 대해주었고, 돌로로사가 불면증으로 잠을 못 이룰 때면 집에서 발로 지압을 해주기도 했다고 한다.

21 Heidi Arbuckle, "Plastic Pleasure," in Rahman, *Have You Seen a Sculpture from the Body*, 42.

22 Heidi Arbuckle, "Plastic Pleasure," in Rahman, *Have You Seen a Sculpture from the Body*, 42-43.

23 돌로로사와의 인터뷰, 2017. 2. 16.

24 Janet E. Steele, *Wars Within: The Story of Tempo, an Independent Magazine in Soeharto's Indonesia* (Singapore: Equinox, 2005), 243.

25 Jun Honna, "Military Ideology in Response to Democratic Pressure during the Late Suharto Era: Political and Institutional Contexts," in *Violence and the State in Suharto's Indonesia*, ed. Benedict R.O'G. Anderson (Ithaca: Cornell Southeast Asia Program, 2002), 73.

26 알렉산더 수파르토노(Alexander Supartono)와의 사담, 2017. 10. 30. "Gejolak Akhir-

Akhir Ini Adalah Kerikil Yang Harus Diatasi: Presiden Resmikan Monumen 66," *Kompas*, 1997. 4. 1 참조.

27   Arbuckle, "Plastic Pleasure," 44.

28   John T. Sidel, *Riots, Pogroms, Jihad: Religious Violence in Indonesia* (Singapore: NUS Press, 2007), 121.

29   Clara Bianpoen, "Women Artists in Pursuit of Kartini's Spirit," *The Jakarta Post*, 1995. 4. 18.

30   돌로로사는 2001년 카를라 비안포엔(Carla Bianpoen)에게 "케테 콜비츠 덕에 인류의 중심을 여성에 두게 되었다"라고 말한다. Carla Bianpoen, "Dolorosa Sinaga Expresses Authentic Voice of Humankind," *The Jakarta Post*, 2001. 10. 18.

31   Alexander Supartono, "Lekra vs. Manikebu: Perdebatan Kebudayaan Indonesia, 1950-1965" (BA thesis, Sekolah Tinggi Filsafat Driyarkara, 2000), 11.

32   Bambang Bujono, "Cerita Perempuan Yang Menggeliat," *Tempo*, 2001. 10. 22.

33   Jaringan Kerja Budaya, ed., *Kumpulan Hasil Diskusi Tahun 2000* (Jakarta: Jaringan Kerja Budaya, 2002).

34   Wisanggeni, "Saya Tidak Akan Berhenti Berteriak".

35   John Roosa and Alit Ambara, "Embodied Selves: A Retrospective of the Sculptures of Dolorosa Sinaga," in Supartono, ed., *Have You Seen a Sculpture from the Body*, 9.

36   *Ibid*.

37   Dewi Yuri Cahyani, *Perempuan Pembela HAM: Berjuang dalam Tekanan* (Jakarta: Komnas Perempuan, 2007).

38   Ruth Rahayu, "Gerak Indah Kemewaktuan Perempuan," in *Dance Your Life* (Jakarta: Badan Pengelola Pusat Kesenian Jakarta, Taman Ismail Marzuki, and Fakultas Seni Rupa Institut Kesenian Jakarta, 2013), 19.

39   Carla Bianpoen, Farah Wardani, Wulan Dirgantoro, eds., *Indonesian Women Artists: The Curtain Opens* (Jakarta: Yayasan Seni Rupa Indonesia, 2007), 35-40, 83-90, 99-102, 147-152, 219-226, 247-250, 265-274.

40   Roosa and Ambara, "Embodied Selves," 9.

참고문헌

Abeyasekere, Susan. *Jakarta: A History*. Singapore: Oxford, 1987.

Admin. "Perempuan di Antara Keindahan dan Realitas Sosial." Sarasvati, 12 July 2013. Accessed 17 November 2017. http://www.sarasvati.co.id/acara-seni/07/perempuan-di-antara-keindahan-dan-realitas-sosial/

Anderson, Benedict R. O'G., ed. *Violence and the State in Suharto's Indonesia*. Ithaca, NY: Cornell Southeast Asia Program, 2002.

Andreae, Christopher. "On the Edge of the Impossible: Sculptor Anthony Caro." Christian Science Monitor, 18 August 1980. Accessed 14 November 2017. https://www.csmonitor.com/1980/0818/081812.html

Andriana, Maria D. "Dolorosa Sinaga Membekukan Gerak." *Antara NTT*, 29 January 2017.

Arbuckle, Heidi. "Plastic Pleasure." In Rahman, ed., *Have You Seen a Sculpture from the Body*, 41–45.

Baker, Nick. "Expanding the Field: How the 'New Sculpture' Put British Art on the Map in the 1980s." *British Art Studies*, no. 3. Accessed 14 November 2017. http://dx.doi.org/10.17658/issn.2058-5462/issue-03/nbaker

Baulch, Emma. "Genre Publics: Aktuil Magazine and Middle-Class Youth in 1970s Indonesia." *Indonesia* 102 (October 2016), 85–113.

Bianpoen, Clara. "Women Artists in Pursuit of Kartini's Spirit." *Jakarta Post*, 18 April 1995.

―――――. "Dolorosa Sinaga Expresses Authentic Voice of Humankind." *Jakarta Post*, 18 October 2001.

Bianpoen, Carla, Farah Wardani, and Wulan Dirgantoro. *Indonesian Women Artists: The Curtain Opens*. Jakarta: Yayasan Seni Rupa Indonesia, 2007.

———. "Tridjoto Abdullah." In Bianpoen, Wardani, and Dirgantoro, *Indonesian Women Artists*, 247–250.

Bujono, Bambang. "Cerita Perempuan Yang Menggeliat." *Tempo*, 22 October 2001.

Cahyani, Dewi Yuri. *Perempuan Pembela HAM: Berjuang dalam Tekanan*. Jakarta: Komnas Perempuan, 2007.

Caro, Antony. "If You Want to Change Your Art, Change Your Habits." Web of Stories, YouTube video, 2:09. 21 June 2017. https://www.youtube.com/watch?v=tcC9t_tPlCM

Chambert-Loir, Henri. "Horison: Six Années d'une Revue Littéraire Indonésienne." *Archipel* 4 (1972), 81–89.

Cohen, David. "Anthony Caro: Sculpture with a Twist." *Metalsmith* 32, no. 2 (June 2012), 40–47.

———. "William Tucker: From the Formal to the Primeval." *Sculpture* 29, no. 3 (April 2010), 28–33.

———. "The Last Modernist." *Sculpture* 14, no. 1 (January–February 1995), 20–27.

Cole, Ina. "Doing What I Don't Know: A Conversation with Anthony Caro." *Sculpture* 26, no. 2 (March 2007), 28–33.

Cornish, Sam. "Katherine Gili: A Career Survey." Poussin Gallery, 2011. Accessed 17 November 2017. http://www.poussin-gallery.com/site.php?exhibition=74

———. "Katherine Gili: Abstract and Figurative." Abstract Critical, 31 May 2011. Accessed 17 November 2017. https://abstractcritical.com/article/abstract-and-figurative-in-the-sculpture-of-katherine-gili/index.html

Cribb, Robert. *Historical Atlas of Indonesia*. London: Curzon Press, 2000.

———. "How Many Deaths? Problems in the Statistics of Massacre in Indonesia (1965–1966) and East Timor (1975–1980)." In *Violence in Indonesia*, edited by Ingrid Wessel and Georgia Wimhoefer, Hamburg: Abera Verlag Markus Voss, 2001, 82–98.

Dewi, Citra Smara. "Membangun Citra Institusi dan Semangat Civitas Akademika." In *19 Tokoh Fakultas Seni Rupa Institut Kesenian Jakarta, 1970–2010*, edited by Dolorosa Sinaga, Citra Smara Dewi, Siti Turmini Kusniah, Yusuf Susilo and Asikin Hasan, Jakarta: Fakultas Seni

Rupa Institut Kesenian Jakarta, 2010, **264**–277.

———. "Oesman Effendi (OE): Berguru pada Alam." In *19 Tokoh Fakultas Seni Rupa Institut Kesenian Jakarta, 1970–2010*, edited by Dolorosa Sinaga, Citra Smara Dewi, Siti Turmini Kusniah, Yusuf Susilo and Asikin Hasan. Jakarta: Fakultas Seni Rupa Institut Kesenian Jakarta, 2010, 72–85.

Dibdin, Michael. "From Canova to Caro." *Modern Painters* (Fall 1992), 42–45.

Emmerson, Donald K., ed. *Indonesia beyond Suharto: Polity, Economy, Society, Transition*. Armonk: M. E. Sharpe, 1999.

Fadlia, Adlien, and Susi Harahap. "G. Sidharta Soegijo (1932–2006): Penjelajahan Seni untuk Masyarakat dan Martabat Kemanusiaan." In *19 Tokoh Fakultas Seni Rupa, Institut Kesenian Jakarta, 1970–2010*, edited by Dolorosa Sinaga, Citra Smara Dewi, Siti Turmini Kusniah, Yusuf Susilo and Asikin Hasan. Jakarta: Fakultas Seni Rupa Institut Kesenian Jakarta, 2010, 60–71.

Firman, Tommy. "Indonesian Cities in Early Reform Era." In *The Indonesian Town Revisited*, edited by P. Nas. Singapore: Institute of Southeast Asian, 2002, 101–112.

Fitri, Emmy. "Dolorosa Sinaga: Casting Tales from the Human Body." *Jakarta Post*, 12 October 2008.

Forbes, Dean. "Jakarta: Globalization, Economic Crisis, and Social Change." In *World Cities beyond the West: Globalization, Development, and Inequality*, edited by Josef Gugler, 268–297. Cambridge: Cambridge University Press, 2004.

Foulcher, Keith. "A Survey of Events Surrounding Manikebu: The Struggle for Cultural and Intellectual Freedom in Indonesian Literature." *Bijdragen tot de Taal-, Land- en Volkenkunde* 125, no. 4 (1969), 429–465.

"Frank Martin: 1914–2004." *Art Monthly*, no. 274 (1 March 2004), 16.

Frederick, William H. "Historical Setting." In *Indonesia: A Country Study*, edited by William H. Frederick and Robert L. Worden. Washington, DC: Library of Congress, Federal Research Division, 2011, 1–93.

———. "Rhoma Irama and the Dangdut Style: Aspects of Contemporary Indonesian Popular Culture." *Indonesia* 34 (October 1982), 103–130.

Fried, Martin. "Anthony Caro: 1924–2013." *Artforum International* 52, no. 6 (February 2014),

51–52, 54.

Fuller, Peter. "Anthony Caro Talks about Henry Moore." *Modern Painters*, no. 3 (Autumn 1988), 6–13.

―――. "Anthony Caro." *Art Monthly* no. 23 (1 February 1979), 6–15.

Gallagher, Dorothy. "Anthony Caro—Pushing the Limits of Sculpture." *New York Times*, 18 May 1975. Accessed 14 November 2017. http://www.nytimes.com/1975/05/18/archives/anthony-caropushing-the-limits-of-sculpture-anthony-caropushing-the.html

Garlake, Margaret. "Frank Martin, 1914–2004." *Art Monthly*, no. 274 (1 March 2004), 12–13.

Geertz, Hildred. *Indonesian Cultures and Communities*, edited by Hildred Geertz and Ruth Thomas McVey. New Haven, CT: HRAF Press, 1963.

"Gejolak Akhir-Akhir Ini Adalah Kerikil Yang Harus Diatasi: Presiden Resmikan Monumen '66." *Kompas*, 1 April 1997.

Gomperts, Amrit, Arnoud Haag, and Peter Carey. "The Sage Who Divided Java in 1052: Maclaine Pont's Excavation of Mpu Bharada's Hermitage–Cemetery at Lemah Tulis in 1925." *Bijdragen tot de Taal-, Land- en Volkenkunde* 168, no.1 (2012), 1–25.

Gouk, Alan. "Alan Gouk Writes on Katherine Gili Sculpture." *Abcrit*, 31 December 2016. Accessed 17 November 2017. https://abcrit.org/2016/12/31/48-alan-gouk-writes-on-katherine-gili-sculpture/

―――. "Steel Sculpture Part II—from Scott, Tucker and Panting to the Present." abstract critical, 30 May 2014. Accessed 14 November 2017. https://abstractcritical.com/article/steel-sculpture-part-ii-from-scott-tucker-and-panting-to-the-present/index.html

―――. "Carbon, Diamond." In *Have You Seen Sculpture from the Body?* London: Tate, 1984, 22–33.

―――. "Proper to Sculpture." *Artscribe*, no. 25 (October 1980), 12–24.

Greenberg, Clement. "Modernist Painting." In *Modern Art and Modernism: A Critical Anthology*, edited by Francis Frascina and Charles Harrison, 5–10. Boulder, CO: Westview, 1987), 5–10.

Grimes, William. "Anthony Caro, Who Followed Sculpture on a 'Path to Abstraction,' Dies at 89." *New York Times*, 24 October 2013. Accessed 14 November 2017. http://www.nytimes.com/2013/10/25/arts/design/anthony-caro-sculptor-who-discovered-a-path-to-abstraction-dies-at-89.html

Gugler, Josef, ed. *World Cities beyond the West: Globalization, Development, and Inequality*. Cambridge: Cambridge University Press, 2004.

Hasselgren, Johan. *Rural Batak, Kings in Medan: The Development of Toba Batak Ethno-Religious Identity in Medan, Indonesia, 1912–1965*. Uppsala: Uppsala University, 2000.

Have You Seen Sculpture from the Body?, London: Woodlands Art Gallery, 1983.

Have You Seen Sculpture from the Body?, London: Tate Gallery, 1984.

Herlambang, Rustika. "Dolorosa Sinaga: Nyanyian Tubuh." Accessed 14 November 2017. https://rustikaherlambang.com/2009/07/28/dolorosa-sinaga/

Hill, David T. "'The Two Leading Institutions': Taman Ismail Marzuki and Horison." In *Culture and Society in New Order Indonesia*, edited by Virginia Matheson Hooker, Kuala Lumpur: Oxford University Press, 1993, 245–262.

Honna, Jun. "Military Ideology in Response to Democratic Pressure during the Late Suharto Era: Political and Institutional Contexts." In *Violence and the State in Suharto's Indonesia*, edited by Benedict R. O'G. Anderson, Ithaca, NY: Cornell Southeast Asia Program, 2002, 54–89.

Hooker, Virginia Matheson. "Expression: Creativity Despite Constraint." In *Indonesia beyond Suharto: Polity, Economy, Society, Transition*, edited by Donald K. Emmerson, Armonk, NY: M. E. Sharpe, 1999, 262–291.

Hooker, Virginia Matheson, and Howard Dick. "Introduction." In *Culture and Society in New Order Indonesia*, edited by Virginia Matheson Hooker, Kuala Lumpur: Oxford University Press, 1–23.

Ichsan, Firman M. "Dolorosa: Pencarian Tanggungjawab Ideologis dari Sebuah Kerja Estetis." In Supartono, ed., *Have You Seen a Sculpture from the Body?,* 68–74.

"Jakarta: Population." population.city, 2015. Accessed 17 November 2017. http://population.city/indonesia/adm/jakarta/.

Jaringan Kerja Budaya, ed. *Kumpulan Hasil Diskusi Tahun 2000*. Jakarta: Jaringan Kerja Budaya, 2002.

Jellinek, Lea. *The Wheel of Fortune: The History of a Poor Community in Jakarta*. Honolulu, HI: University of Hawai'i Press, 1991.

Jones, Tod. "Indonesian Cultural Policy, 1950–2003: Culture, Institutions, Government." PhD diss., Curtin University of Technology, 2005.

Knight, Vivien. "Introduction." In *Have You Seen Sculpture from the Body?*, London: Tate, 1984, 8–21.

Kroef, Justus M. van der. "Entrepreneur and Middle Class." *Indonesia in the Modern World*, Bandung: Masa Baru, 1956, 1–61.

Labrousse, Pierre. "Sociologie du roman populaire indonésien (1966–1973)." In *Littératures contemporaines de l'Asie du Sud-Est, edited by P.-B. Lafont and D. Lombard*, Paris: Asiathèque, 1974, 241–250.

Lubis, Mochtar. "Pegang Orang Tua Mereka." In *Tajuk-Tajuk Mochtar Lubis di Harian Indonesia Raya; Seri 2: Korupsi dan Ekonomi, Pendidikan dan Generasi Muda, Hukum, Abri, edited by Atmakusumah and Sri Rumiati Atmakusumah*, Jakarta: Yayasan Obor, 1997, 378–379.

M. "Dolorosa Sinaga." *Matra*, August 1994.

McAvera, Brian. "Influence, Exchange, and Stimulus: A Conversation with Sir Anthony Caro." *Sculpture* 21, no. 2 (March 2002), 24–31.

McEwen, John. "Reform." *Spectator* (15 October 1983), 31–32.

McLean, Bruce. "Frank Martin." Guardian, 2 March 2004. Accessed 14 November 2017. https://www.theguardian.com/news/2004/mar/02/guardianobituaries.education

"Menikah." *Tempo*, 26 May 1979.

Moore-Gilbert, Bart, ed. *The Arts in the 1970s: Cultural Closure?* London and New York: Routledge, 1994.

Muis, Abdul. "Kami Mendakwa: Generasi Terdahulu Bertanggung Djawab terhadap Bobroknya Moral & Mental." *Aktuil*, no. 32 (1969), 9.

Napitupulu, Sahala, and Pitono Adhi. *Terima Kasih, Hampir Selesai*. Jakarta: Yayasan Putra Hermanus-Yosua, 2005.

Ooi, Giok Liong. "Medan." In *Encyclopedia of Modern Asia*, edited by David Levinson and Karen Christensen, New York, NY: Charles Scribner's Sons, 2002, 96–97.

Pittendrigh, Jonathon. "Sculpture at St. Martin's: An Interview by David Alston." *Oxford Art Journal* 2, no. 3 (1 October 1979), 21–24.

Power of Shape: Sculpture Exhibition of Dolorosa Sinaga. Seminyak: Kendra Gallery of

Contemporary Art, 2009.

Prendeville, Brendan. Review of Sam Cornish, Stockwell Depot 1967–79. *Sculpture Journal* 24, no. 3 (2015), 427–428.

Rahayu, Ruth. "Gerak Indah Kemewaktuan Perempuan." In *Dance Your Life*, Jakarta: Badan Pengelola Pusat Kesenian Jakarta, Taman Ismail Marzuki, and Fakultas Seni Rupa Institut Kesenian Jakarta, 2013, 11–20.

Rahman, Lisabona, ed. Have You Seen a Sculpture from the Body? Dolorosa Sinaga Sculpture Exhibition, Galeri Nasional Indonesia, 15 October–1 November 2008. Jakarta: Galeri Nasional, 2008.

Ramadan K.H. *Bang Ali demi Jakarta (1966–1977): Memoar*. Jakarta: Sinar Harapan, 1992.

Ricklefs, M. C. *A History of Modern Indonesia since c. 1200*. 3rd ed. Houndmills, UK: Palgrave, 2001.

———. *A History of Modern Indonesia since c. 1200*. 4th ed. Stanford, CA: Stanford University Press, 2008.

Roosa, John, and Alit Ambara. "Embodied Selves: A Retrospective of the Sculptures of Dolorosa Sinaga." In Supartono, ed., *Have You Seen a Sculpture from the Body*, 7–9.

Santun, Dedi Irwanto Muhammad. *Venesia dari Timur: Memaknai Produksi dan Reproduksi Simbolik Kota Palembang dari Kolonial Sampai Pascakolonial*. Yogyakarta: Ombak, 2010.

Sedyawati, Edi, and Wiyoso Yudoseputro. *Sewindu LPKJ*. Jakarta: Lembaga Pendidikan Kesenian Jakarta, 1978.

Sidel, John T. *Riots, Pogroms, Jihad: Religious Violence in Indonesia*. Singapore: NUS Press, 2007.

Sillars, Stuart. "'Is It Possible for Me to Do Nothing as My Contribution?' Visual Art in the 1970s." In *The Arts in the 1970s: Cultural Closure?* edited by Bart Moore-Gilbert, 259–280. London and New York: Routledge, 1994.

Silver, Christopher. *Planning the Megacity: Jakarta in the Twentieth Century*. London and New York: Routledge, 2008.

Sinaga, Dolorosa. "Zaini: Seni untuk Kemuliaan Manusia." In 19 Tokoh Fakultas Seni Rupa Institut Kesenian Jakarta, 1970–2010, edited by Dolorosa Sinaga, *Citra Smara Dewi, Siti Turmini Kusniah, Yusuf Susilo and Asikin Hasan*, 86–99. Jakarta: Fakultas Seni Rupa Institut Kesenian Jakarta, 2010.

———. "Artist Statement." In Rahman, ed., *Have You Seen a Sculpture from the Body?* 4–5.

Situmorang, Sitor. *Sitor Situmorang: Seorang Sastrawan 45; Penyair Danau Toba.* Jakarta: Sinar Harapan, 1981.

Sleeman, Alison. "William Tucker: The Language of Sculpture," 16 February 1995, accessed 17 November 2017, http://webarchive.henry-moore.org/docs/file_1366803606258.pdf

Soe, Ratih. "Dolorosa Sinaga: A Sculptor with Myriad Achievements." http://lapak-ratih.blogspot.co.id/2007/06/dolorosa-sinagaa-sculptor-wity-myriad.html

Somantri, Gumilar Rusliwa. "Migration within Cities: A Study of Socio-Economic Processes, Intra-City Migration and Grass-Roots Politics in Jakarta." PhD diss., Universität Bielefeld, 1996.

Srihadi, Farida, and Tri Aru Wiratno. "Srihadi Soedarsono: Menangkap Keindahan Sebagai Kualitas Jiwa." In *19 Tokoh Fakultas Seni Rupa, Institut Kesenian Jakarta, 1970–2010*, edited by Dolorosa Sinaga, Citra Smara Dewi, Siti Turmini Kusniah, Yusuf Susilo and Asikin Hasan, Jakarta: Fakultas Seni Rupa Institut Kesenian Jakarta, 2010, 126–139.

Steele, Janet E. *Wars Within: The Story of Tempo, an Independent Magazine in Soeharto's Indonesia.* Singapore: Equinox, 2005.

Steenbrink, Karel. *Catholics in Indonesia, 1808–1942: A Documented History.* Vol. 1 A modest recovery. Leiden: KITLV, 2007.

Strong, George. "The Late Sculpture of David Smith." PhD diss., Syracuse University, 1999.

Suanda, Endo. "Dolorosa Sinaga: Sebuah Tafsir dan Praktik untuk Riset Murni." Gong 85, 7 (2006). Accessed 17 November 2017. https://panji-cybersufi.blogspot.kr/2013/03/dolorosa-sinaga-sebuah-tafsir-dan.html#.WhFFO9KWaUk

Sumawinata, Sarbini. *Menuju Masyarakat Adil Makmur: 70 Tahun Prof. Sarbini Sumawinata.* Jakarta: Gramedia, 1989.

Sundrum, R. M. "Indonesia's Rapid Economic Growth: 1968–81." *Bulletin of Indonesian Economic Studies* 22, no. 3 (December 1986).

Supartono, Alexander. "Lekra vs. Manikebu: Perdebatan Kebudayaan Indonesia, 1950–1965." BA thesis, Sekolah Tinggi Filsafat Driyarkara, 2000.

———. ed. *Have You Seen a Sculpture from the Body? A Retrospective of the Sculptures of*

Dolorosa Sinaga, 10–31 October 2001, National Gallery, Jakarta. Jakarta: National Gallery of Indonesia, 2001.

Sylado, Remy. "Gives Us Freedom!! The Props Dilarang Main oleh Badju Hidjau: Kepribadian Nasional Djadi Ketjap Nomor 19." *Aktuil*, no. 36 (1969), 42–43, 47.

Taylor, Jean Gelman. *Global Indonesia*. New York: Routledge, 2013.

Thee, Kian Wie. "The Soeharto Era and After: Stability, Development and Crisis, 1966–2000." In *The Emergence of a National Economy: An Economic History of Indonesia, 1800–2000*, edited by H. W. Dick, Honolulu: University of Hawai'i Press, 2002, 194–243.

Tim Penulis FSR IKJ. "Sejarah, Sekarang, dan Masa Depan Kita." In *19 Tokoh Fakultas Seni Rupa Institut Kesenian Jakarta*, edited by Dolorosa Sinaga, Citra Smara Dewi, Siti Turmini Kusniah, Yusuf Susilo and Asikin Hasan, Jakarta: Fakultas Seni Rupa Institut Kesenian Jakarta, 2010, 31–47.

Tucker, William. *The Language of Sculpture*. London: Thames and Hudson, 1974.

Vergouwen, J. C. *The Social Organisation and Customary Law of the Toba-Batak of Northern Sumatra*. The Hague: M. Nijhoff, 1964.

Vickers, Adrian. *A History of Modern Indonesia*. 2nd ed. Cambridge: Cambridge University Press, 2013.

Virgiati, Bestina. "Dolorosa Sinaga: Tangannya Menciptakan 'Semangat Hidup'." *Femina*, 14 May 1992.

Weintraub, Andrew N. "Pop Goes Melayu: Melayu Popular Music in Indonesia, 1968–1975." In *Sonic Modernities in the Malay World: A History of Popular Music, Social Distinction and Novel Lifestyles (1930s–2000s)*, edited by Bart Barendregt, Leiden: Brill, 2014, 165–186.

Wilkin, Karen. "Anthony Caro and the Onward of Art." The Met, YouTube video, 53:34. 2 February 2012. https://www.youtube.com/watch?v=GiW_FPr-SS8

———. "Smith & Caro." *Modern Painters* 8, no. 4 (1995), 38–43.

———. "British Sculptors Invade Paris." *Hudson Review* 49, no. 3 (Autumn 1996), 457–462.

Wiratno, Tri Aru. "Nashar: Pembawa Semangat Kesanggaran." In *19 Tokoh Fakultas Seni Rupa, Institut Kesenian Jakarta, 1970–2010*, edited by Dolorosa Sinaga, Citra Smara Dewi, Siti Turmini Kusniah, Yusuf Susilo and Asikin Hasan, Jakarta: Fakultas Seni Rupa Institut

Kesenian Jakarta, 2010, 100–115.

Wisanggeni, Aryo. "Saya Tidak Akan Berhenti Berteriak." *Kompas*, 14 June 2015.

Yeo, Woonkyung. "Palembang in the 1950s: The Making and Unmaking of a Region." PhD diss., University of Washington, 2012.

Zanen, Abraham Johannes van. "Voorwaarden voor Maatschappelijke Ontwikkeling in het Centrale Batakland." PhD diss., Rijksuniversiteit Leiden, 1934.

사진 크레딧

014~015   Dennis van de Water / Shutterstock.com

034~035   GeorginaCaptures / Shutterstock.com

072~073   Notara WG / Shutterstock.com

교차하는 아시아 1

돌로로사 시나가
— 어느 여성 조각가가 빚어낸 현대 인도네시아의 초상

초판 1쇄 발행 2020년 9월 29일

지은이 소니 카르소노
옮긴이 김인환
발행처 국립아시아문화전당
발행인 박태영
기획 아시아문화원
디자인 박대성

주소 61485 광주광역시 동구 문화전당로 38
문의 1899-5566
홈페이지 www.acc.go.kr

값 16,000원
ISBN 979-11-89652-44-9 94300
      979-11-89652-43-2 (세트)

ⓒ 국립아시아문화전당, 소니 카르소노 2020

이 책에 수록된 도판 및 글의 저작권은 해당 저자, 소장 기관 및 국립아시아문화전당에 있습니다.
이 책은 저작권법에 의해 보호받는 저작물이므로 무단전재 및 복제를 금합니다.

이 도서의 국립중앙도서관 출판시도서목록(CIP)은 e-CIP홈페이지(http://www.nl.go.kr/ecip)에서
이용하실 수 있습니다. (CIP제어번호 : CIP2020036194)